Peter Glotz

Die deutsche Rechte

WILHELM HEYNE VERLAG
MÜNCHEN

HEYNE SACHBUCH
Nr. 19/216

Redaktion: Bernhard Michalowski

Aktualisierte und erweiterte Taschenbuchausgabe
im Wilhelm Heyne Verlag GmbH & Co. KG, München
Copyright © 1989 by Deutsche Verlags-Anstalt GmbH, Stuttgart
Printed in Germany 1992
Umschlagfoto: Deutsche Presse-Agentur, Frankfurt/Main
Umschlaggestaltung: Atelier Adolf Bachmann, Reischach
Herstellung: H + G Lidl, München
Satz: Fotosatz Völkl, Puchheim
Druck und Verarbeitung: Ebner Ulm

ISBN 3-453-05809-7

Inhalt

VORWORT

*»Deutsche Geschichte besteht aus fehlgeschlagenen
Versuchen zur Souveränität.«*

ALEXANDER KLUGE/OSKAR NEGT

Diese Streitschrift ist das Gegenstück zu einem Essay über die »Organisation einer regierungsfähigen Linken«, den ich im Frühjahr 1984 unter dem Titel »Die Arbeit der Zuspitzung« veröffentlicht habe. Die beiden Schriften nehmen an vielerlei Stellen aufeinander Bezug. Falsch war im ersten Buch meine politische Einschätzung, die nächste zyklische Wirtschaftskrise könnte bereits in der zweiten Hälfte der achtziger Jahre kommen. Richtig war leider folgende Vermutung: »Die Gefahr ist: Wenn die Linke nicht stark genug erscheint, um als Alternative der Rechten zu gelten, wird es neue rechtspopulistische Bewegungen geben.«

Genau darum handelt es sich heute – beide Volksparteien verlieren an Integrationskraft, und es besteht die Gefahr, daß neben der CDU/CSU eine »autonome« Rechte aufkommt. Das ist das Thema dieser Arbeitsnotizen. Daraus erklärt sich auch, daß ich mich gleichermaßen mit der Union, der alten und der neuen Rechten und dem sich entwickelnden »autonomen« Rechtspopulismus auseinandersetzen muß. Heißt der Nachfolger von Franz Josef Strauß vielleicht weder Streibl noch Waigel, sondern Schönhuber?

Die Schrift »Die deutsche Rechte« soll deutlich machen, daß ich diesen Trommler Schönhuber für gefährlicher halte, als es diejenigen Strategen tun, die immer noch glauben, man könne ihn ignorieren. Die Absicht, eine recht*populistische* Bewegung so zu behandeln, wie wir rechts*extremistische* Bewegungen nach 1945 öfters behandelt haben (und wohl auch behandeln mußten) – verbieten oder totschweigen –, wird sich nicht verwirklichen lassen. Diese Methode hat im übrigen schon bei der altrechten NPD am Ende der sechziger Jahre nicht mehr funktioniert.

Wir müssen uns vielmehr klarmachen, daß ein Teil der Wähler der »Republikaner« auf Mißstände reagiert, die wir – die großen Volksparteien der Bundesrepublik – entweder produziert oder zugelassen haben. Diese Wähler reagieren falsch, wenn sie sich in dem Irrtum verfangen, eine rechtspopulistische Protestbewegung könne diese Probleme lösen – das muß man ihnen vorführen. Deswegen halte ich den teils hochmütigen, teils ängstlichen Versuch, Schönhuber zu übersehen, für einen Fehler.

Die politische Klasse der Bundesrepublik sollte im übrigen nicht vergessen, daß in vielen (zum Beispiel) oberbayerischen Orten zwischen zweitausend und fünftausend Einwohnern die Argumente, die Franz Schönhuber heute benutzt, schon seit Jahren, manchmal seit Jahrzehnten im Schwange sind – bei Tierärzten, Gemischtwarenhändlern, Nebenerwerbslandwirten oder Krankenschwestern. Nur hat dieses in alten, rebellischen Traditionen wurzelnde »Volk«, dessen »kulturelle Hegemonie« die Linke vor Ort immer schon aushalten mußte, bisher nicht »Republikaner« gewählt, sondern CSU. Da schien die Welt in Ordnung. War da die Welt aber wirklich in Ordnung?

Dieses Buch entstand aus tiefer Sorge. Ich fürchte, daß in der Bundesrepublik Deutschland ein neuer Nationalismus aufkommen könnte. Das hängt auch mit ein paar Entwicklungen zusammen, die nicht von der Bundesrepublik ausgelöst und verschuldet worden sind, zum Beispiel mit dem Zusammenbruch der Nachkriegsordnung in Ostmitteleuropa und dem im Zuge der Europäisierung unvermeidlichen Anwachsen der Beweglichkeit der europäischen Bevölkerung, das heißt: der sich steigernden ethnischen Vermischung. Wir könnten in einen »populistischen Moment« geraten, in eine Situation also, die für Trommler und Sammler besondere Chancen bietet.

Die Gefahr, die ich heraufziehen sehe, ist keineswegs ein neuer Nationalsozialismus. Schönhuber ist gefährlich; aber er ist weder ein Neonazi noch ein Neofaschist – und umgekehrt ist nicht alles, was nicht neonazistisch und neofaschistisch ist, vernünftig oder auch nur erträglich. Was droht, ist ein reputierlicher parlamentarischer Nationalismus, der seine Gefahren hinter legitimierenden Vokabeln versteckt. Diese Vokabeln heißen dann »deutsche Identität« und »Wiedervereinigung«, »homogenes Volk« und »Rechtsvorbehalt«. Es könnte passieren, daß wir viele unserer Freunde im Westen verlieren und viele unserer Nachbarn im Osten erneut erschrecken. In diesem – und nur in diesem – Sinne stimme ich einer Argumentation von Kurt Schumacher aus dem Jahr 1945 zu, die in diesem Buch zitiert wird. Sie beginnt mit den Sätzen: »Die Zulassung der Rechtsparteien halte ich nicht für sehr gefährlich. Es ist wohl psychologisch, möchte ich sagen, etwas unklug, wenn man den einen oder anderen Geist von früher herumstolpern sieht in der politischen Bewegung, aber sie geben die Möglichkeit einer Kontrolle. Die große politische Gefahr für Deutschland ist der rechte Flügel der CDU.«

Dieser rechte Flügel ist keineswegs extremistisch, er ist demokratisch. Er macht »nur« die falsche Politik. Aber eine so radikal falsche, daß ich mich vor dieser Politik mehr fürchte als vor einem rechten oder linken Extremismus, den die Gesellschaft der Bundesrepublik in den notwendigen Grenzen halten kann und wird.

In diesem Buch werden viele Fragen aufgeworfen, aber nicht alle beantwortet. Das gilt besonders für die Ost- und Deutschlandpolitik, die in erhebliche Bewegung geraten ist. Ich deute an, in welche Richtung sich die Bundesrepublik – meiner Auffassung nach – vortasten sollte. Aber man kann eine »zweite Phase der Ostpolitik« nicht nebenbei – sozusagen zwischen den Zeilen – entwerfen. Ein paar der offengebliebenen Fragen sind in einem Essay beantwortet, der den Titel »Der Irrweg des Nationalstaats« trägt und 1990 erscheinen soll.*

Das, was derzeit in der Bundesrepublik geschieht, muß – damit man es bekämpfen kann – sehr genau analysiert werden. Das heißt aber auch, daß es *kalt* analysiert werden muß, sozusagen mit spitzen Fingern, mit sterilisierten Instrumenten. Es gibt viele Deutsche, die das nicht akzeptieren. Sie wollen die Rechte nicht untersuchen, sie wollen sie verachten oder verdrängen. Das führt aber nicht zum Ziel. Ich bitte deshalb um Verständnis, daß ich mich dem Gegenstand nähere wie ein Naturforscher. Der kann auch nicht in Emotionen verfallen, wenn er ein häßliches Tier unter dem Mikroskop hat.

Ich verwende in diesem Buch drei Textsorten: Der analytische Teil ist in normalen Lettern gesetzt, didaktische und erzählerische Einschübe kommen in Kursivdruck, und Dokumente sind in einen Rahmen gestellt. Wer will, kann die Dokumente und Einschübe überspringen. Aber dazu rate ich nicht. Die deutsche Rechte ist nicht so leicht in Begriffe zerlegbar; man muß ihre Figuren spüren, ihre Äußerungen zur Kenntnis nehmen.

Eine Streitschrift soll Streit auslösen – ich scheue ihn nicht, weder mit rechts noch mit links. Aber einem Mißverständnis möchte ich begegnen: Ich betrachte den

---

* »Der Irrweg des Nationalstaats: europäische Reden an ein deutsches Publikum« ist 1990 in Stuttgart erschienen; Anmerkung der Redaktion

Prozeß der Aufspaltung der deutschen Rechten nicht mit »klammheimlicher Freude«. Diese schon wieder halb vergessene Wortverbindung hatte 1977 ein Göttinger Student »vom Stamm der Mescaleros« angesichts des Mords an Siegfried Buback gebraucht. Ich habe damals, im Deutschen Herbst, zwar mit den Mescaleros diskutiert. Ich habe aber niemals ihre Gefühle geteilt. Auch wem manche der Mittel, mit denen Adenauer und Strauß die Rechte in der Bundesrepublik zusammengehalten haben (Antikommunismus, Russenangst, Wirtschaftsliberalismus, autoritärer Populismus), nicht geschmeckt haben, muß zugeben, daß es eine große Leistung war, im besiegten, aufgeteilten, schuttbeladenen und gedemütigten Deutschland eine auf Revanche sinnende, militante nationalistische Rechte verhindert zu haben.

Noch ist es nicht unmöglich, eine solche Entwicklung auch für die Zukunft zu verhindern. Aber dieses Buch ist auch als Warnung gedacht: Der vitale *Muddle-through*-Pragmatismus Helmut Kohls, seine auf irgendeine Weise schon wieder souveräne Standfestigkeit, mit der er reale Konflikte durch heillose Formeln zu heilen versucht, scheint nicht mehr in der Lage, die Situation zu meistern. Die Union ist von einem Schisma bedroht. Das ist nicht mehr nur eine Privatangelegenheit der Rechten. Es geht die ganze Republik an.

Die Freunde im Ausland werden schon unruhig. Sie sollten die Nerven behalten. Wir stehen nicht im Jahre 1932, und die neu aufkommenden *incertitudes allemandes* sind beherrschbar. Aber wir müssen handeln – die Rechte und die Linke.

Menzenberg, am 15. September 1989   *Peter Glotz*

11

VORWORT ZUR
TASCHENBUCHAUSGABE

Diese Streitschrift ist im Sommer 1989 abgeschlossen worden, ein Vierteljahr vor dem Fall der Mauer, also auch vor dem berühmten Zehn-Punkte-Plan von Bundeskanzler Helmut Kohl, in dem noch »konföderative Strukturen« zwischen den beiden deutschen Staaten vorgeschlagen wurden. Ich lege den Text trotzdem praktisch unverändert vor, weil ich nach wie vor der Ansicht bin, daß die dürre Analyse, die ich anstelle, stimmt. Ihr Fazit lautet: Der innere Zusammenhalt der drei großen geistigen Strömungen der CDU/CSU – der national-konservativen, der christlich-sozialen und der wirtschaftsliberalen – wird unter dem Druck eines chancenreicher werdenden Rechtspopulismus gefährdet. Der populistische Moment, in dem eine rechtspopulistische Kraft Zustimmung finden kann, ist da; und eine leidlich anspruchsvolle Theorie, die von den Schlacken des Nationalsozialismus notdürftig gesäubert ist, auch. Fehlt nur – Gott sei Dank! – die charismatische Führungsfigur, die die losen Enden zusammenbinden könnte. Die Nonchalance, mit der die deutsche politische Klasse auf neuen Nationalismus, ethnischen Radikalismus und Rassismus reagiert, ist fahrlässig.

Nun wundert es mich nicht, daß große Volksparteien vor allem auf kurzfristige Reize reagieren – z. B. auf Wahlergebnisse. Nach dem Einzug der Republikaner ins Berliner Abgeordnetenhaus oder nach ihrem Erfolg bei der Europawahl 1989 war das Geschrei groß; aber als die Kanzlerpartei ihren deutschlandpolitischen Themenwechsel vollzog und der harten Rechten das Thema »Deutschland« entwand, war man schnell damit bei der Hand, den Aufstieg rechtspopulistischer und rechtsradikaler Kräfte mit dem Begriff des »Protestwählers« zu verharmlosen. Inzwischen zeigt sich, daß dieser Erklärungsversuch zu kurz greift. Sicher gibt es unter den Wählern der Rechtsparteien bedrängte Unterschichten, die mit ihrer Stimme experimentieren und herausfinden wollen, ob ihr Kreuz auf dem Wahlzettel einer radikalen Partei ihnen vielleicht mehr helfen könnte als frühere Kreuze bei etablierten Parteien. Aber es gibt eben auch einen deutlich über zehn Prozent der Wahlberechtigten liegenden Block von Menschen mit einem geschlossenen autoritär-nationalistischen Weltbild; und es gibt strukturelle Gründe, warum die Zustimmung zur rechten Rechten zunehmen dürfte. Die Lage nach 1989 führt dazu, daß die Delegitimierung des Nationalismus schrittweise aufgehoben wird. Und wenn man die Nation als Integrationsmittel benutzt, dann muß man bei verschärften Verteilungskonflikten – wenn diese Medizin wirksam bleiben soll – in höheren Dosierungen nachlegen. Das wird eines der Probleme von Helmut Kohl werden, der von seiner Konstitution her nun wirklich nicht der Typ des kleindeutsch-protestantischen Nationalisten ist.

Dieses Buch ist, wie gesagt, fast unverändert geblieben; lediglich die zweite Hälfte des Kapitels »Die neue Lage und die neue Rechte« wurde neu gefaßt, um die Befunde der letzten zweieinhalb Jahre einarbeiten zu können. Im übrigen sind an einigen Stellen aktuelle Hinweise und Polemiken, die nicht mehr ohne weiteres verständlich gewesen wären, getilgt worden; am Ende des Buches wurde dem Brief an einen polnischen Freund ein zweiter hinzugefügt – die Fortschreibung eines Berichts über die Stimmung unter europäischen Intellektuellen. Diese Stimmung ist, ich kann es nicht ändern, nicht optimistischer geworden.

Wie sollte sie aber auch? Ich schweige von den Kriegen im früheren Jugoslawien und im Kaukasus; auch vom drohenden Zerbrechen der Tschechoslowakei, von der Drangsalierung von Minderheiten im neuen Lettland oder der heillosen Lage der Kosovo-Albaner. Es genügt mir schon, wenn ich in einer seriösen Untersuchung über ausländerfeindliche und rechtsextreme Orientierungen bei ostdeutschen Jugendlichen die Prognose lesen muß, daß viel »für eine weitere, vielleicht sogar drastische Zunahme der Ausländerfeindlichkeit in den neuen Bundesländern« spreche. Warum das so ist? Die Wissenschaftler bilanzieren kühl: »Weil sich die sozialen und materiellen Lebensverhältnisse, verglichen mit den alten Bundesländern, noch lange auf einem bescheidenen Niveau halten und sich teilweise in nächster Zeit noch verschlechtern werden, weil sich Ostdeutsche noch lange Zeit nicht nur vom wirtschaftlichen Wohlstand her, sondern auch sozial, politisch-kulturell als ›Deutsche zweiter Klasse‹, als unterprivilegierte Ossis erleben werden und weil die Zahl der Ausländer in den Ostländern infolge der vorhergesagten gewaltigen Wanderbewegung von Ost- nach Westeuropa in einer heute noch nicht voll zu ermessenden Größenordnung ansteigen wird.« Was tun wir, wenn diese Prognose eintreffen sollte?

Aus dem hier erneut vorgelegten Text kann man im übrigen entnehmen, daß ich die Wiedervereinigung Deutschlands weder vorhergesehen noch herbeigesehnt habe. Das zeigt sich vor allem an meinem Streitgespräch mit Franz Schönhuber aus dem Frühjahr 1989, das unverändert übernommen wurde. Eine nachträgliche Retusche dieses Tatbestands erschiene mir verächtlich. Daß Michail Gorbatschow den Zusammenhalt und die Macht seines Reiches ganz und gar aufs Spiel setzen würde, habe ich für ausgeschlossen gehalten. Vermutlich zeugt dieser Entschluß von Gorbatschows Menschenliebe; er hat damit, zumindest im ersten Zug, vielen Leuten das Sterben erspart. Aber wir alle – fast alle – haben diesen Entschluß nicht erwartet. Warum so tun, als ob man sich immer im Einklang mit »der Geschichte« befunden habe?

Wichtiger als die »Bewältigung« unserer Vergangenheit ist die Bewältigung unserer Zukunft. Was jetzt auf dem Spiel steht, ist der Nachkriegskonsens. Über Parteigrenzen hinweg wollten wir einen übernationalen, zivilen, laizistischen und möglichst toleranten, von Kriegen nicht mehr bedrohten europäischen Sozialstaat schaffen. Die rechte Rechte könnte jetzt erstmals die Kraft gewinnen, diesen Plan zu durchkreuzen. Die bange Frage, die ich mit den Mitteln einer kritischen Sozialwissenschaft hin und her bewege, lautet: Wird sich die demokratische Rechte diesem Ansturm entgegenstellen? Oder gibt sie nach – mit allen fragwürdigen Konsequenzen, die das für die politische Kultur der westeuropäischen Gesellschaften haben muß?

Von Immanuel Wallerstein und Etienne Balibar stammen die Sätze: »Keine moderne Nation hat eine gegebene ethnische Basis, selbst wenn sie aus einem nationalen Unabhängigkeitskampf hervorgegangen ist. Und andererseits gibt es keine moderne Nation, in der es keine Klassenkonflikte gibt. Das grundlegende Problem besteht folglich darin, das Volk zu schaffen. Besser gesagt: Das Volk muß sich permanent als nationale Gemeinschaft schaffen. Oder noch anders gesagt: Es gilt, die einheitsstiftende Wirkung zu erzeugen, durch die das Volk allen als ein Volk erscheint, d. h. als Grundlage und Ursprung der politischen Macht.« Angesichts dieser Sachlage lautet die Frage an die Politiker: Wie kann man »einheitsstiftende« Wirkungen erzeugen, ohne Menschen zu drangsalieren, sie zum Abschuß freizugeben oder gar ihren Tod in Kauf zu nehmen?

La Croix Valmer, am Ostermontag 1992   *Peter Glotz*

15

LECHTS UND RINKS

Die Hauptfigur dieser Streitschrift heißt nicht Franz Schönhuber; der ist ein kleiner, wenn auch machtbewußter und gefährlicher Kondottiere der Rechten – und wird hoffentlich klein bleiben. Kondottiere nannte man in der italienischen Renaissance Reitergeneräle mit eigenen Heerhaufen, die sich mal für den einen, mal für den anderen Fürsten schlugen.

Die Hauptfigur dieser Schrift heißt Helmut Kohl. Er ist, seinen vielen Verächtern zum Trotz, seit 1973 die Zentralfigur in der rechten Hälfte des politischen Spektrums. Wenn seine Kritiker ihn als »Enkel Adenauers« titulieren, meinen sie es immer süffisant. Aber niemand kann bestreiten, daß die größte Partei der Rechten in der Bundesrepublik, die CDU, bis heute vor allem von zwei Männern geprägt wurde, von zwei sehr kalten, sehr durchtriebenen, sehr politischen Figuren: Konrad Adenauer und Helmut Kohl.

Sicher war der »Alte« souveräner, zielbewußter und, aus heutiger Perspektive, erfolgreicher als sein Erbe. Man kann aber nicht bestreiten, daß im letzten Jahrzehnt die politisch-propagandistische Vorherrschaft oder »kulturelle Hegemonie« auch in unserem Land bei der Rechten lag – und Helmut Kohl war zwar nicht der *spiritus rector* dieser Hegemonie, wohl aber ihr Organisator, ihr Sekretär. Wer jemals Lenin gelesen hat, wird den Fehler vermeiden, Organisatoren und Sekretäre des Zeitgeistes zu unterschätzen.

Aber ist die Christlich-Demokratische Union eine Partei der Rechten? Hier wird sich das erste Feldgeschrei erheben. Die rechte Intelligentsia (zu deren Schlüsselattitüde es gehört, so zu tun, als ob es nur eine linke Intelligentsia gäbe) wird in großer Formation und mit allen

Orden und Ehrenzeichen antreten: Hat nicht schon Adenauer in einem berühmten Brief an Hans Schlange-Schöningen den Begriff »Rechtspartei« scharf zurückgewiesen und für die CDU erklärt, daß auf sie »noch am ehesten das Wort Mitte« zuträfe? Sagen Kohl, Geißler und viele andere Spitzenfiguren der Union nicht täglich, daß die Begriffe »rechts« und »links« aus der »Gesäßgeographie« des letzten Jahrhunderts stammten? Und räumt die harte Rechte, von Armin Mohler bis Hans-Joachim Arndt, nicht ein, daß es rechte und konservative Kräfte in ihrem Sinn in der Geschichte der Bundesrepublik bisher gar nicht oder nur in Spurenelementen gegeben habe?

Keine Angst, werte Kolleginnen und Kollegen vom anderen Ufer: Ich habe nicht die Absicht, die Union in einen diffamierenden Zusammenhang mit der extremen Rechten zu bringen. Ich hasse nichts mehr als die routinemäßige Gemeinheit, mit der linke Strategen die Union mit dem Faschismus oder dem Neofaschismus und rechte Strategen die SPD mit dem Kommunismus in Verbindung und ins Gerede bringen. Deswegen ist diese kleine Schrift gerade ein Plädoyer fürs genaue Hinschauen, also die Unterscheidung zwischen rechtsliberalen, liberalkonservativen, national-konservativen, rechtspopulistischen, rechtsradikalen, rechtsextremistischen und rechtsterroristischen Gruppen und Splittern.

Aber wer herausfinden möchte, wie groß die Gefahr ist, daß jenseits der Union eine autonome Rechte entsteht, der muß die komplizierten Zusammenhänge zwischen den unterschiedlichen geistigen Strömungen in der rechten Hälfte der Gesellschaft der Bundesrepublik analysieren und darf nicht immer nur von der »Mitte« faseln. Die Mitte ist eine dünne, imaginäre Linie, wie der Äquator, oder auch ein Punkt auf einer Achse – aber kein riesiger Fußballplatz, auf dem mehrere Volksparteien Platz hätten. Die Sehnsucht nach der Mitte ist die neue deutsche Ideologie: Die Linke will keine Linke und die Rechte will keine Rechte mehr sein.

Da kann man nur Hoffmanns politisches Taschenwörterbuch von 1849 zitieren: »Die höchsten Bänke der linken Seite des terrassenförmig gebauten Sitzungssaales der Volksvertreter, die von den Entschiedensten, Mutigsten, aber auch den Überspanntesten eingenommen wurden, hießen Berg und die darauf platzgenommenen Personen die Berg-Partei. Auf den Bänken der rechten Seite saßen die Constitutionellen, während der Raum zwischen beiden, die Mitte, oder die unteren Bänke, die Schwankenden, Unschlüssigen, das heißt Prinzip- oder Charakterlosen, den jeweiligen Inhabern der Macht Anhängigen aufnahm. Die rechte Seite der Gemäßigten erhielt den Namen der Ebene oder der Gironde, oder Girondisten, das heißt, die vom Departement der Gironde gesandten Deputierten, und die Mitte und Tiefe den des Sumpfes.«

Dabei sollten wir bleiben: Die Mitte ist der Sumpf. Jedenfalls ist die Angst, zur Linken oder zur Rechten gerechnet zu werden, einer einigermaßen erwachsen gewordenen parlamentarischen Demokratie unwürdig. »Bleibt stehen«, will man den Deutschen in der Bundesrepublik zurufen, »eure neurotische Flucht in die Mitte rettet euch nicht.« Eine Weltkugel, die ihre Pole verleugnet, auf der sich alles um den Äquator drängelt, repräsentiert eine alberne Geographie.

Natürlich muß man mit allgemeinen Charakterisierungen und Lagerbeschreibungen vorsichtig umgehen; das heißt allerdings nicht, daß man ohne Schwierigkeiten auf sie verzichten könnte. So ist der deutsche Neokonservativismus – trotz des berühmten Satzes von Strauß, er sei der deutsche Thatcher – beim Abbau sozialstaatlicher Garantien sehr viel vorsichtiger vorgegangen als der englische. Auch war die CDU/CSU (jedenfalls in ihrer Mehrheit) nach der Katastrophe, die der deutsche Nationalismus in der bedingungslosen Kapitulation von 1945 erlitten hatte, weit weniger national als beispielsweise der Gaullismus in seinen unterschiedlichen Erscheinungsformen. Aber bei einer pragmatischen Betrachtungsweise kann es gar keine vernünftigen Zweifel daran geben, wohin die Union gehört.

Das gilt historisch; so waren von den ersten tausend Mitgliedern der Hamburger CDU fünfhundertachtundzwanzig vorher schon einmal parteipolitisch gebunden gewesen: einundvierzig bei der Deutschen Volkspartei, einer bei der KPD, zwanzig bei der SPD, einhunderteinundsiebzig beim Zentrum, sechsunddreißig bei den Deutschnationalen, fünf beim Christlich-Sozialen Volksdienst und zweihundertvierundfünfzig bei der NSDAP. Ähnliches gilt auch für die Selbsteinstufung der heutigen Wähler, Mitglieder und Delegierten der Partei; die Mehrheit entscheidet sich klar für »rechts«. Und es hat der Union auch niemals geschadet, weil in den Volkstraditionen noch immer die Meinung begründet ist, daß rechts die bessere, weil richtigere Seite sei – nach christlicher Vorstellung sitzt zur Rechten Gottes die Gnade, zu seiner Linken das Gericht.

Man kann, wie uns unsere Tanten immer erzählt haben, den Kuchen nicht gleichzeitig essen und behalten. Man kann nicht vierzig Jahre lang nahezu alle rechten Wähler kassieren (was ja beileibe kein Schaden, sondern ein Vorteil für die Republik war) und sich anschließend auf französisch in die Mitte empfehlen. Man kann nicht Franz Josef Strauß zum Kanzlerkandidaten, Karl Carstens und Alfred Dregger zu Fraktionsvorsitzenden, Fritz Zimmermann zum Innenminister machen und am Ende harmlos »War was?« fragen.

Man kann allerdings von einer pragmatischen auf eine

philosophische Ebene hinaufklettern. Auch dort wird man bei den unterschiedlichen Strömungen, die die großen historischen Lager von rechts und links repräsentieren, Elemente eines gemeinsamen Denkstils ausmachen. Wenn die Linke von einer rationalistisch-deduktiven Denkweise ausgeht, beruft sich die Rechte auf das Leben; wenn die Linke von Menschenrechten redet und auf deren Grundlage eine Richtigkeitsordnung des Staates entwickelt, beschwört die Rechte die Institutionen, die notwendig seien, um den Menschen Halt zu geben. Wenn die Linke auf universalistische Normen setzt und auf Verfassungen vertraut, spricht die Rechte von raumgebundenen Territorialprinzipien und entwickelt die Idee der Nation; wenn die Linke von der Kosmopolis träumt, vertraut die Rechte auf die Polis.

Da gibt es viel Bewegung und viele Frontwechsel: Die Idee der Nation kann für ein paar Jahrzehnte, solange sie sich gegen die Patrimonialgerichtsbarkeit in kleinen Fürstentümern richtet, progressiv sein, bevor sie reaktionär wird; es gibt immer wieder mal linke Leute von rechts und rechte Leute von links – aber so ist das nicht, als ob die Geschichte ein Kuddelmuddel sei und man nicht wissen könne, wo einem der Kopf steht. Die Parteifunktionäre, denen die Frage nach ihren rechten und linken Flügeln unangenehm ist, pflegen zwar mit gespielter Gelassenheit zu bemerken, daß solche Etiketten heutzutage sinnlos geworden seien; ich weiß, wovon ich rede. Aber im stillen Kämmerlein wissen sie ganz gut, wo ihre Linken und ihre Rechten sitzen.

Und doch: Die berühmte Maxime von Ernst Jandl
>manche meinen
lechts und rinks
kann man nicht
velwechsern. werch ein illtum!<
ist nicht ohne kritische Substanz. Am schönsten läßt sich

das an einem Thema demonstrieren, das in den siebziger Jahren schon einmal zur Entstehung einer neuen Partei geführt hat – das Thema ist die »Ökologie«, und die Partei sind die »Grünen«. Der liberal-wohlfahrtsstaatliche Block war damals in Fragen des Umweltschutzes so unsensibel (oder auch: so gespalten), daß er seine Klientel nicht mehr zusammenhalten konnte. Und was entstand? Heute würden wir sagen: eine Partei links von der SPD. Die oberflächlichen Propagandisten der Union sagen sogar: eine linksradikale, oder gar: eine linksextremistische Partei.

Die geistigen Grundlagen für diese »linksextremistische« Partei stammen von bedeutenden Denkern. Der eine hat zum Beispiel schon 1913 formuliert: »Zerrissen ist der Zusammenhang zwischen Menschenschöpfung und Erde, vernichtet für Jahrhunderte, wenn nicht für immer, das Urlied der Landschaft. Dieselben Schienenstränge, Telegraphendrähte, Starkstromleitungen durchschneiden mit roher Gradlinigkeit Wald- und Bergprofile, sei es hier, sei es in Indien, Ägypten, Australien, Amerika; die gleichen grauen vielstöckigen Mietskasernen reihen sich einförmig aneinander, wo immer der Bildungsmensch seine ›segenbringende‹ Tätigkeit entfaltet; bei uns wie anderswo werden die Gefilde ›verkoppelt‹, das heißt in rechteckige und quadratische Stücke zerschnitten, Gräben zugeschüttet, blühende Hecken rasiert, schilfumstandene Weiher ausgetrocknet; die blühende Wildnis der Forste von ehedem hat ungemischten Beständen zu weichen, soldatisch in Reihen gestellt und ohne das Dickicht des ›schädlichen‹ Unterholzes; aus den Flußläufen, welche einst in labyrinthischen Krümmungen zwischen üppigen Hängen glitten, macht man schnurgerade Kanäle; die Stromschnellen und Wasserfälle, und wäre es selbst der Niagara, haben elektrische Sammelstellen zu speisen; Wälder von Schloten steigen an ihren Ufern empor, und die giftigen Abwässer der Fabriken verjauchen das lautere Naß der Erde ...

Die Verwüstungen des Dreißigjährigen Krieges haben nicht so gründlich in Stadt und Land mit dem Erbe der Vergangenheit aufgeräumt wie die Übergriffe des modernen Lebens mit einer rücksichtslos einseitigen Verfolgung praktischer Zwecke.« Und ein anderer hat 1950 hinzugefügt: »Aber die Wenigen werden überall die Bleibenden sein. Sie vermögen einst aus der sanften Gewalt des Feldweges die Riesenkräfte der Atomenergie zu überdauern, die das menschliche Rechnen erkünstelt und zur Fessel des eigenen Tuns gemacht hat.«

Diese Zitate stammen natürlich nicht von Günther Anders oder Erhard Eppler. So haben Ludwig Klages und Martin Heidegger formuliert. Die Ökologie – ein rechtes Thema?

Die Bewahrung der Natur (»natürlicher Kreisläufe«) gegen den »technischen Fortschritt« war ein großes konservatives Thema. Aber Politik ist kein Sachgebiet. Politik ist ein Produktionsprozeß. Über viele Jahrzehnte ging die Zerstückelung und Verwüstung von Natur vor aller Augen vor sich. Aber der Vorgang hatte, so brutal er war, einen zu geringen politischen Intensitätsgrad. Er war politischer Rohstoff; aber eben nicht »politisiert«.

Für die Bundesrepublik Deutschland politisierten ihn Leute wie Günther Anders und Erhard Eppler; für die Linke wäre es unausdenkbar, wenn diese Welle von Naturbegeisterung die ihr anhängende Jugend nach »rechts« getragen hätte.

Die Rechte ließ sich einen wichtigen Teil ihrer Kronjuwelen klauen. Und ein paar christlich-soziale Konservative (ein paar katholische Kardinäle, der niedersächsische Umweltminister Werner Remmers und Alois Glück von der bayerischen CSU) laufen außer Atem hinter den klugen, sehr verantwortlichen Dieben her.

Dieses Beispiel beweist nicht, daß es sinnlos wäre, von rechts und links zu sprechen. Aber es zeigt, daß große historische »Parteien« sehr schwere Fehler machen können; alle paar Jahrzehnte sind die Fehler dann so schwer, daß diese Parteien auseinanderfallen.

Was die »Ökologie« und den »Lebensschutz« betrifft, werden diese Themen übrigens inzwischen nicht nur von der Linken aktualisiert. Man könnte sich zum Beispiel folgende Fragen stellen: Gewinnt Franz Schönhuber Herbert Gruhl, den früheren CDU-Abgeordneten und prominenten »Ökologen«, für seine neue Partei? Überwindet er die landsknechthaft-heidnischen Stimmungen seiner plebejischen Sammlungsbewegung und leistet die »Arbeit der Zuspitzung« bei einem Rohstoff, den die Linke nicht aufgreifen kann und auch will: beim Thema Abtreibung? Praktischer ausgedrückt: Gelingt es ihm, die bisher folgenlose Empörung der radikalen Abtreibungsgegner für seinen Verein zu nutzen? Dann könnte in der Tat irgendwann ein Punkt erreicht werden, in dem es sinnlos wird, von »der Rechten« zu sprechen – weil diese Rechte zerplatzt wäre. Aber noch ist es nicht soweit.

Noch ist richtig, was Claus Leggewie in seinem Buch über die »Republikaner« geschrieben hat: »Bürgerblock und autonome Rechte konkurrieren um ein relativ konstantes Meinungs- und Handlungsdispositiv; bei dessen ›Einbindung‹ (oder Mobilisierung) vollzieht sich ein dauernder Prozeß der Ver- und Entflechtung von rechter Mitte und rechtem Rand – bis heute.«

Weil das (noch) so ist, muß man die politischen Bewegungen in der rechten Hälfte des politischen Spektrums gemeinsam analysieren. Die Rechte ist, ebenso wie die Linke, ungeheuer differenziert. Aber so weit, daß es gar keinen Sinn mehr ergeben würde, von rechts und links zu sprechen, sind wir im alten Kontinent Europa und in der Bundesrepublik Deutschland noch nicht.

»Rechts« – 1972

Der CSU-Vorsitzende Franz Josef Strauß in der Ersten Beratung der Ostverträge im Deutschen Bundestag am 24. Februar 1972:

Erstens: Diese Verträge dienen nicht der Versöhnung mit Völkern, sondern der Befriedigung der Wünsche ihrer Machthaber.

Zweitens: Sie bieten keine humanitären Erleichterungen, sondern bringen zunächst eine Verschärfung der Unterdrückung.

Drittens: Die Verträge dienen nicht der Entspannung, wenn man unter »Entspannung« die Beseitigung der Spannungsursachen versteht.

Viertens: Die Verträge bedeuten eine Festigung des sowjetischen Besitzstandes.

Fünftens: Diese Verträge sind auch eine Ermutigung für die Linksradikalen, die diese Politik seit zwanzig Jahren in unserem Lande gefordert haben.

Sechstens: Diese Verträge stehen nicht für sich allein da. Sie sind Bausteine einer sowjetischen Weststrategie.

Siebtens: Die europäische Friedensordnung sowjetischer Vorstellung steht in unaufhörlichem Gegensatz zur Bildung einer westeuropäischen politischen Gemeinschaft.

Achtens: Diese Verträge sollen nach der Vorstellung der Sowjets die Bundesrepublik Deutschland stärker in ihr Machtsystem und dessen Zielsetzungen einbinden.

Neuntens: Diese Verträge sollen verhindern, daß sich die Entwicklung vom Dreieck zum Fünfeck in der Weltpolitik weiter vollzieht. Diese Verträge machen nicht den Frieden sicherer, sondern sie sichern den Sowjets die Rückenfreiheit in der globalen Konstellation, von der ich in der Kürze der Zeit nur kurz sprechen konnte.

Nach diesen Kriterien ist das Ja oder Nein zu diesen Verträgen zu ermessen. Ich komme zu folgender Schlußfolgerung. Das Ja ist ein Übel, und das Nein bringt neue schwere Belastungen und Aufgaben mit sich. Wenn ich aber zwischen dem Ja und dem Nein zu wählen habe, entscheide ich mich für das Nein als das kleinere Übel. Die Bundesregierung hat uns und die deutsche Politik in diese Lage manövriert. Ein Ja zu diesen Verträgen bedeutet einen Bruchpunkt auf der Straße ins Unheil. Außenpolitische Fehler werden in dem Zeitpunkt, in dem sie begangen werden, nie erkannt. Sie werden oft erst nach Ablauf einer Generation oder eines halben Jahrhunderts rückwirkend als Bruchpunkt auf der Straße zum Unheil erkannt. Meine politischen Freunde und ich sind der Überzeugung, daß diese Verträge in der vorliegenden Fassung, die über den militärischen Gewaltverzicht und die Bereitschaft zur Zusammenarbeit hinausgeht, einen Bruchpunkt in der deutschen Nachkriegsgeschichte bedeuten auf einer Straße, an deren Ende nur Unheil stehen kann.

WENNIGSEN UND NEHEIM-HÜSTEN

Am 5. Oktober 1945 fand in Wennigsen bei Hannover eine berühmte Konferenz statt. Kurt Schuhmacher, der aus den Konzentrationslagern der Nazis lebend, aber gesundheitlich schwer angeschlagen herausgekommen war, begann dort den Wiederaufbau einer »nationalen« Organisation der SPD. In einem amerikanischen Geheimdienstbericht heißt es:

»Der große Speisesaal des Hotels stand für die Zeit zwischen den Sitzungen zur freien Verfügung. Die Delegierten wandelten in diesem Saal umher und gruppierten sich zu informellen Diskussionen. Ein riesengroßes, raumbeherrschendes Bild von Karl Marx, ein eigens engagiertes Orchester, ein Buffet mit Schnaps, Bier, Kaffee und dick belegten Wurstbroten – alles reichlicher, als es die Delegierten sonst gewohnt sind – vervollständigten den Rahmen. Die Bedeutung dieser Atmosphäre für die Konsolidierung der nationalen Einheit der Partei tritt besonders hervor, wenn man die in den offiziellen Sitzungen tobenden Auseinandersetzungen mit dem Geist der Zusammenarbeit vergleicht, mit dem sie in den inoffiziellen Diskussionen wieder ausgebügelt wurden.«

Auf dieser Konferenz hält Kurt Schumacher die entscheidende, die Grundsatzrede. Hitler ist wenige Monate tot. Schumacher sagt:

»Die Zulassung der Rechtsparteien halte ich nicht für sehr gefährlich. Es ist wohl psychologisch, möchte ich sagen, etwas unklug, wenn man den einen oder anderen Geist von früher herumstolpern sieht in der politischen Bewegung, aber sie geben die Möglichkeit einer Kontrolle. Die große politische Gefahr für Deutschland ist der rechte Flügel der CDU, und wenn wir es einmal erreichen, daß die Gegensätze sich zwischen den Siegern ausgleichen, und wenn wir erreichen, daß wir die untauglichen und subjektiv verräterischen Elemente in den Winkel stellen, in den sie gehören, dann ist der Weg frei.

Wir möchten keine Vergiftung der Jugend, weder durch einen neuen Nationalismus noch einen anderen Weg. Wir möchten an dieser Stelle ein Bekenntnis dazu abgeben, daß wir zu den jungen Menschen Zutrauen haben und daß wir von den Besatzungsmächten Hilfe dafür brauchen. Es hat keinen Zweck, die jungen Menschen, die heute noch nicht dreißig Jahre alt sind, ihr ganzes Leben lang zwangsweise zu Gegnern der Parteien des Friedens und der Demokratie zu machen. Dann wollen wir und sollten die Besatzungsmächte lieber zu den alten, hartgesottenen Sündern etwas brutaler sein, zu den Karrieremachern und Geldverdienern, aber den jungen Burschen und Mädels, denen gebt die Chance ihres Lebens.«

In Schumachers Rede sind drei Elemente bemerkenswert. Da ist erstens die Erkenntnis, daß es besser sei, sich selbst mit rechtsradikalen und rechtsextremistischen Gruppen offen auseinanderzusetzen, als sie zu verbieten. Man hat, wenn man so verfährt, »die Möglichkeit einer Kontrolle«. Da ist zweitens die kühle politische Einschätzung, daß bestimmte »normale«, keineswegs auf Konspiration oder Waffengewalt gestützte politische Konzepte (beispielsweise »neuer Nationalismus«) gefährlicher sein können als das, was wir heute Rechtsextremismus nennen. Schumacher fragt sich, von welchen Kräften reale politische Wirkungen ausgehen können. Seine Folgerung lautet: »Die große politische Gefahr für Deutschland ist der rechte Flügel der CDU« – und nicht die »Extremisten«. Und drittens kann man aus dieser Rede schließen, daß Schumacher den Diskurs »Vergangenheitsbewältigung«, wie ihn die außerparlamentarische Opposition um 1968 begonnen hat, kritisch gesehen hätte. Er hätte niemals geduldet, daß ein Globke Staatssekretär im Kanzleramt geworden wäre. Er forderte die Besatzungsmächte auf, gegenüber den »hartgesottenen Sündern« und den »Karrieremachern« ruhig »etwas brutaler« zu sein. Aber die junge Generation wollte er in den neuentstehenden Staat integrieren, soweit sie sich keiner Verbrechen schuldig gemacht hatte. Ich sehe in dieser Analyse des ersten Nachkriegsvorsitzenden der SPD immer noch eine gute Grundlage für die Beurteilung des Phänomens »deutsche Rechte«.

Dasselbe, was Schumacher für die SPD im Saal der Bahnhofsgaststätte von Wennigsen beschrieb, versuchte Konrad Adenauer ein paar Wochen später im Refektorium des Nonnenklosters von Neheim-Hüsten. Da hatte er die Vorwürfe von Josef Kannengießer, des Geschäftsführers des Landesverbands Westfalen der CDU, er wolle aus der CDU eine neue »Rechtspartei« machen, schon abgewehrt. »Arbeitnehmer, Frauen und junge Menschen müßten sichtbar in den Vorstand dieser neuen großen christlichen Volkspartei«, hatte Kannengießer Adenauer erregt entgegengehalten. Der blieb kühl und manövrierte die CDU-Linke, die damals auf Sozialisierung setzte, ebenso aus wie die »Reichs-CDU« unter Jakob Kaiser. Er wollte und bekam eine große Sammelpartei rechts von der SPD.

Daß er es allerdings schaffen würde, mit dieser Partei im Lauf der Jahrzehnte (und für Jahrzehnte) das ganze rechte Spektrum der Gesellschaft der Bundesrepublik (von ein paar rechtsradikalen Splittern abgesehen) abzudecken, hat damals niemand vermutet. Noch am 18. Juli 1949, vier Wochen vor den Wahlen zum ersten Deutschen Bundestag, schrieb Walter Dirks in den *Frankfurter Heften* einen berühmt gewordenen Leitartikel, in dem er einerseits deutlich voraussah, daß »ein Teil der nationalistischen Impulse in die Politik aller Parteien einströmen« werde, andererseits aber »die eigentliche Gefahr« in einer revolutionären nationalistischen Rechten sah. Im nachhinein wird man sagen müssen, daß Adenauers Parteikonzept wesentlichen Anteil daran hatte, daß sich diese zweite Prognose (bisher) nicht bewahrheitete und die deutschnationale Traditionsrechte in der Bundesrepublik für viele Jahrzehnte klein gehalten wurde.

Denn es ist ja mehr als vordergründig, die deutsche Rechte nur am Nationalsozialismus (oder »Faschismus«, wie sich die marxistische Linke auszudrücken pflegt) zu messen. Der hatte sich in der Tat total desavouiert. Aber es gab natürlich genügend Leute, die die »plebejische« und »sozialistische« Phase zwischen 1933 und 1945 gern ausgelassen und sozusagen bei der »unverfälschten« Rechten angeknüpft hätten.

Da hätte man dann auf die geistige Tradition von August Julius Langbehn zurückgehen können, dessen Buch »Rembrandt als Erzieher« von 1890 rund hundert Auflagen erlebt hat. Der hatte noch zwischen edlem und unedlem Judentum unterschieden, aber auch gesagt: »Der Deutsche in seiner Reinheit ist der Mensch *kat exochen;* augenblicklich zwar ist er es nicht, aber er kann es wieder werden. Um dieses Ziel zu erreichen, darf ihm kein Preis zu hoch, kein Streit zu schwer sein. Dazu wird er im höchsten Grade Mann sein müssen.«

Oder auf Paul de Lagarde, dessen »Deutsche Schriften« auch ein großer Erfolg im deutschen Bürgertum gewesen waren (und den Franz Schönhuber in vielen seiner Reden zitiert). Er hatte dort nicht nur die »Zuchtlosigkeit, welche in Deutschland Freiheit heißt«, und den »Mangel an Unteroffizieren« beklagt, sondern viele Dauerthemen für die deutsche Rechte besetzt:

- »Geistiges Leben erwacht durch die Notwendigkeit des Kampfes«;

- »Österreich hat längst kein Existenzprinzip mehr: Man weiß nicht, warum es da ist«;
- »Die Völker in dem weiten Reiche sind mit Ausnahme der Deutschen und der Südslawen alle miteinander politisch wertlos: Sie sind nur Material für germanische Neubildungen«;
- »Alle übrigen nichtdeutschen Stämme des Donaureiches, die Magyaren da sehr mit eingeschlossen, sind lediglich eine Last für Europa: Je schneller sie untergehen, desto besser für uns und für sie«;
- »Den Frieden in Europa ohne dauernde Belästigung seiner Angehörigen zu erzwingen, ist nur ein Deutschland imstande, das von der Ems zur Donaumündung, von Memel bis Triest, von Metz bis etwa zum Bug reicht, weil nur ein solches Deutschland sich ernähren, nur ein solches mit seinem stehenden Heere sowohl Frankreich als Rußland niederschlagen kann«.

Manch deutscher Linker, der alles Rechte am liebsten mit den Begriffen »Faschismus« oder »Neofaschismus« belegen möchte, leistet der Vorstellung Vorschub, als ob die nichtfaschistische Rechte harmlos und ungefährlich gewesen sei. Das ist allerdings ein katastrophaler Irrtum. Wer sich vom Judenmord, vom Führerprinzip, vom Angriffskrieg und vielleicht noch vom gewaltsamen Umsturz der Gesellschaftsordnung distanziert, ist damit noch lange nicht vernünftig. Was immer man gegen Adenauer sagen kann – das hatte er begriffen.

Aber Adenauer, Schumacher und all die anderen, die aus den Trümmern des Zweiten Weltkriegs aufstanden, um einen neuen, demokratischen Staat oder wenigstens eine staatliche Behelfskonstruktion aufzubauen, waren keinesfalls der Gnade einer »Stunde Null« teilhaftig geworden. Freilich, zu den Nazis wagte sich offen kaum mehr einer zu bekennen; und Millionen Deutsche hatten von Krieg, Kriegszielen und Nationalismus wirklich »die Schnauze voll«, wie eine bis in die achtziger Jahre erhalten gebliebene Formel der Landsersprache hieß. Auch war die soziale Grundlage für bestimmte Formen des Konservativismus – beispielsweise des großagrarischen im Osten des Reiches – weggefallen; und viele Deutsche (und wenn nicht sie, dann die Besatzungsmächte) erinnerten sich noch an die verhängnisvolle Rolle der Deutschnationalen Volkspartei bei der Zerstörung der Weimarer Republik durch den Hitlerismus.

Auf diese Weise hatte der rheinische Katholik Adenauer die Chance, den christlichen Strömungen die Führung in der neuen Partei (die er zuerst »Christliche«, nicht »Christlich-Demokratische« Union nennen wollte) zu verschaffen. Auch seine Skepsis gegenüber der preußisch-kleindeutsch-protestantischen Tradition und dem »heidnischen« Berlin wirkte gegen die Wiederherstellung einer Rechtspartei im Sinne der Weimarer Rechten. Aber er genau wie Schumacher mußte natürlich mit den Menschen arbeiten, die *da* waren, und die waren imprägniert – äußerlich, wenn sie in der NSDAP, in der SS oder einer der anderen Organisationen des Dritten Reichs gewesen waren, viel mehr aber noch innerlich. Ein Volk schleppt sein Bewußtsein auch durch Katastrophen. In der Stunde Null, die keine war, spukten durch Millionen Köpfe noch der Rembrandt-Deutsche oder die blonde Bestie.

Deswegen kann man über Claus Leggewies Satz »Die alte deutsche Rechte war in Hitler und durch Hitler untergegangen« streiten. Untergegangen war das Parteiensystem der Weimarer Rechten. Aber es waren viele Menschen übriggeblieben, deren Wertesystem und Gefühlswelt sich nicht geändert hatten. Wie wir wissen, hat sich diese Tradition bis heute nicht erschöpft.

Seit 1981 können wir das übrigens sehr genau wissen.

Damals hatte das Bundeskanzleramt – der Kanzler hieß Helmut Schmidt – eine Untersuchung über rechtsextremistische Einstellungen bei den Deutschen in Auftrag gegeben. Ein halbes Jahrzehnt bevor uns die neue Welle rechter Stimmungen berührte, beschrieb das Sinus-Institut Heidelberg/München die Lage der Nation sehr detailliert. Sie lautete (vor einem Dutzend Jahren: die Untersuchung war Ende 1979, Anfang 1980 im Feld) folgendermaßen: Vierzehn Prozent der Bevölkerung stimmen dem Satz »Wir sollten wieder einen Führer haben« zu; sechzehn Prozent sagen ja zu der Feststellung »Parteien und Gewerkschaften schaden dem Allgemeinwohl«; achtzehn Prozent meinen »Unter Hitler hatte es Deutschland eigentlich besser«.

Nicht auf der Grundlage dieser drei Zahlen, sondern nach dem Einsatz komplizierter Meßskalen kommt das Sinus-Institut zu dem Ergebnis, daß dreizehn Prozent aller Wähler in der Bundesrepublik Deutschland über ein geschlossenes rechtsextremes Weltbild verfügen. Die Maßstäbe für Rechtsextremismus sind dabei: Führerkult, Antisemitismus, Militarismus, die Verehrung der nationalsozialistischen Herrschaft und die Ablehnung der parlamentarischen Demokratie.

Das heißt im Umkehrschluß, daß rechtsextreme Einstellungen bei der überwältigenden Mehrheit der Bevölkerung in der Bundesrepublik kein Echo finden. Allerdings gibt es zwischen dem *Potential* des Rechtsextremismus (das bisher in der Geschichte der Bundesrepublik noch niemals aktualisiert, noch niemals zur Stimmabgabe für eine rechtsextreme Partei mobilisiert worden ist) und dem genuin demokratischen Teil der Bevölkerung »Brücken« – Menschen mit unspezifischen Gefühlen des Bedrohtseins, der Verlorenheit, der Orientierungs- und Machtlosigkeit. Sie sagen zum Beispiel ja zu folgenden Aussagen:

- Die Deutschen haben eine Reihe von guten Eigenschaften wie Fleiß, Pflichtbewußtsein und Treue, die andere Völker nicht haben.
- Ich finde, daß der Mittelstand – also Kaufleute, Handwerker und Bauern – in unserem Staat die tragende Säule sein sollte.
- Durch die Atomstrahlung werden unsere Erbanlagen und damit die Gesundheit der künftigen Generation gefährdet.
- Durch den zunehmenden Luxus in unserer Gesellschaft werden Menschen körperlich und geistig verseucht.
- Der Wohlstandsegoismus zerstört das natürliche Empfinden für unsere Volksgemeinschaft.
- Die meisten Menschen haben keine Ahnung, wie stark ihr Leben von geheimen Abmachungen und Plänen kontrolliert wird.
- Heute ändert sich alles so schnell, daß man oft nicht weiß, woran man sich halten soll.
- Ob ich mich zur Politik äußere oder nicht, ändert doch nicht viel an den Tatsachen.

Siebenunddreißig Prozent der Wahlbevölkerung haben vor zwölf Jahren diesen Meinungen zugestimmt – alles Leute, die unempfindlich waren gegenüber Führerkult, Militarismus und Antisemitismus. Wie unempfindlich, so konnte man sich schon damals, Ende der siebziger Jahre fragen, würden sie gegenüber einer kräftigen Polemik gegen Asylanten, die Europäische Gemeinschaft und die Politikerpolitik, gegen »die da oben« sein?

Die Sinus-Studie wies noch aus, daß alle Altersgruppen unter vierzig Jahren überdurchschnittlich widerstandsfähig gegenüber rechtsextremer Ideologie waren. Die Hoffnung, die man aus diesen Zahlen schöpfen konnte, wurde in den letzten Jahren zerstört. 48,5 Prozent von 1257 Sechzehn- bis Siebzehnjährigen stimmten 1987 der Forderung »Deutschland den Deutschen« zu; und 37,4 Prozent dem brutalen Rülpser »Kanaken raus«. Die »Republikaner« und die NPD erzielten ihre stärksten Ergebnisse bei den Wahlen in Berlin und Frankfurt im Jahr 1989 bei den (männlichen) Jungwählern. Das heißt: Die extreme Rechte in Deutschland ist dezimiert, diszipliniert. Sie stirbt aber nicht aus.

Ein besonders gebildeter und besonders bitterer Rechtsintellektueller, Hans-Joachim Arndt, hat maliziös – und natürlich gegen die CDU/CSU gerichtet – bemerkt, das deutsche Subjekt sei durch die politische Klasse der Bundesrepublik in eine deutsche Frage aufgelöst worden; es bleibe aber immer noch genug »Problemmaterial« übrig. Wohl wahr. Wer die sozial-moralischen Leitideen, die Erlebnisschichtung und die Erinnerungsstrukturen der Deutschen bedenkt, mit denen Kurt Schumacher in Wennigsen und Konrad Adenauer in Neheim-Hüsten rechnen mußten, wird zwar sagen: So schlecht ist es bisher nicht gelaufen.

Die Frage ist allerdings, wie es weiterläuft.

EXTREMISTEN UND POPULISTEN

Daß ein Land, genauer wohl: der Rest eines Landes, in dem vor wenigen Jahrzehnten das Verbrecherregime des Nationalsozialismus zuerst hochkam und schließlich mit ungeheuren Opfern von außen niedergeschlagen werden mußte, daß in einem solchen Land jede wirkliche oder scheinbare Wiedergeburt des Schrecklichen genauestens beobachtet werden muß, ist selbstverständlich. Allerdings kann die Attitüde »Wir haben euch gewarnt« auch zur Pose erstarren. Der Kriminalkommissar, der den Mörder immer in der Bahnhofsgaststätte vermutet, wird viele Verbrechen nicht aufklären. Die modernen Mörder sind mobil; sie kommen aus unterschiedlichen Richtungen und nächtigen mal da, mal dort.

Deshalb betrachte ich die langen, akribischen Analysen, die immer dann in linksdogmatischen Blättern erscheinen, wenn rebellisches Protestpotential die erstarrte rechtsextreme Szenerie belebt, mit gemischten Gefühlen. Einerseits ist man froh, daß der rechte Rand nicht nur von den Staatsorganen genau beobachtet wird. Andererseits gibt es nichts Erbarmungswürdigeres als Kämpfe um die »Hegemonie im Antifa-Bereich«. Carl von Ossietzky, Friedensnobelpreisträger des Jahres 1936, ist eines zu schrecklichen Todes gestorben, als daß man es komisch finden könnte, wenn deutsche Professoren versuchen, Ossietzky zu spielen.

Am Ende der achtziger Jahre vergrößert sich das Potential der extremen Rechten in der Bundesrepublik erneut. Zwar geht der Rechts*terrorismus* aus dem Umfeld der neonazistischen Organisationen gerade zurück; mag sein, daß das schützende Milieu, das jeder Terrorismus braucht, derzeit zu klein ist; mag auch sein, daß die Aktivisten von Resignation erfaßt sind. »Die

Bewegung« ist gespalten, weil sich ihre Führer streiten, ob man schwul sein darf.

Es mögen zwischen eintausendneunhundert und dreitausend unter sechzig Millionen sein, die heute in Vereinen organisiert sind, die sich »Freiheitliche Arbeiterpartei«, »Nationalistische Front« oder »NSDAP/AO« nennen. Das Problem kann (und muß) polizeilich erledigt werden. Intellektuelle Ausstrahlung hat der Neonazismus nicht. Aber auch Sprengsätze, die von Wirrköpfen gelegt werden, können Menschen töten. Gleichmütigpenible Aufmerksamkeit ist geboten.

Es steigt gleichzeitig der Zulauf zum altrechten Extremismus. Der Erbe des Kaufhauses Frey in Cham an der tschechischen Grenze hat sich einen begrenzten, aber zuverlässigen Markt geschaffen: drei Zeitungen *(Deutsche National-Zeitung, Deutscher Anzeiger, Deutsche Wochen-Zeitung)* mit einer Auflage von einhundertzwanzigtausend oder einhundertdreißigtausend Stück, zwei Drittel davon verkauft, der Rest verschenkt; zwei Parteien (»Deutsche Volksunion – Liste D«, »Deutsche Volksunion e.V.«). Noch vor fünf Jahren sammelte er zwölftausend oder dreizehntausend Mitglieder um sich; nach zwei Postwurfsendungen an alle Haushalte und nach ein paar Regionalwahlen waren es dreißigtausend.

Der Mann ist geschäftstüchtig; er verdient sein Geld mit Immobilien und goldenen und silbernen Medaillen von Rudolf Heß oder den Feldmarschällen Hitlers. Und einen Teil dieses Geldes investiert er in drei oder vier brutale, wenig variierte Diskurse:

- Die Ausländer als Konkurrenten sind Gift für die Deutschen;
- die Verunglimpfung der deutschen Vergangenheit;
- das Absacken Deutschlands durch Drogenkriminalität oder Aids;

- der Verrat und die Verräter – von Brandt bis Weizsäcker.

Der altbayerische Deutschnationale will einen »deutschen Block«, ein nationales Lager schaffen. Aber seine
Propaganda ist monoton, schlecht begründet, wider-
sprüchlich und ohne ideologischen Reiz, antikulturell.
Sein Partner, mit dem er es schaffen möchte, die NPD, hat
in den letzten Jahren auch tausend oder tausendfünfhun-
dert Mitglieder dazugewonnen; es werden jetzt zwischen
siebentausend und achttausend Menschen sein, die sich
als »Nationaldemokraten« bezeichnen. Aber es ist die
Ehe von Unfruchtbaren, was man am deutlichsten an der
geringen Ausstrahlungskraft auf junge Aktivisten sehen
kann; die Jugendorganisationen des altrechten Lagers
(ob es die jungen Nationaldemokraten oder die Wiking-
Jugend sind) stagnieren bei insgesamt eintausendvier-
hundert Mitgliedern.

Die alte Rechte berührt keinen neuen politischen
Rohstoff; sie gräbt den alten um und um. So mobilisiert
sie seit Jahrzehnten nur einen Bruchteil des (vorhande-
nen) eigenen Potentials. Sie hat durch die (prinzipiell
ohne Zweifel richtige) Entscheidung des Verfassungsge-
richts, das Entstehen neuer Parteien durch eine Beteili-
gung an der Wahlkampfkostenerstattung und an den
Kosten der Werbung im Fernsehen zu erleichtern, neue
organisatorische Möglichkeiten bekommen; neue Figuren oder eine neue Sensibilität sind nicht zu erkennen.
Verglichen mit den Leitfiguren dieses Lagers, Gerhard
Frey oder dem NPD-Vorsitzenden Martin Mußgnug,
einem düsteren, schwerfällig formulierenden Rechtsan-
walt, wirkten Adolf von Thadden, Hans-Christoph See-
bohm oder Alfred Loritz lebendig, aggressiv und »volks-
tümlich«, also getragen zumindest von Minderheitsströ-
men bestimmter Volkstraditionen.

Die alte Rechte wächst wieder ein wenig; man soll darauf aufpassen. Aber sie ist der Ausdruck von altmittelständisch-alternden, nur hin und wieder, sozusagen zufällig, in andere soziale Schichten ausgreifenden Klassenresten; eine Bewegung aus den Unterzentren mit einer kleindeutsch-protestantischen Sprechweise und einem rüden, abgehackten Ton, wie ihn kleine juristische Staatsbeamte zuweilen bei der Zurechtweisung einer Stammtischrunde benutzen. Daß dies in einer vom Individualisierungsschub geschüttelten, psychologisch auseinanderfallenden, reichen Gesellschaft eine Mehrheitschance haben könnte, kann man nicht recht sehen. Auch im unteren Drittel der Zwei-Drittel-Gesellschaft sind die Sehnsüchte der Menschen vielfältiger, leidenschaftlicher und direkter, als dies Frey und Mußgnug verkraften könnten.

Viel gefährlicher als dieser Rechtsextremismus sind die, die im Verfassungsschutzbericht gar nicht mehr genannt werden: die »Neue Rechte«. Es ist in Frankreich so wie in der Bundesrepublik: Aus der rechtsextremen Szene wächst ein Organisations- und Publikationsnetz, das nicht alte Kameraden, sondern neue Menschen sammeln will. In Frankreich heißen die Köpfe Alain de Benoist oder Guillaume Faye, in Deutschland Gerd-Klaus Kaltenbrunner, Henning Eichberg oder Hans-Dietrich Sander.

Eine so wirksame Organisation wie G.R.E.C.E. (Groupement de Recherche Etudes pour la Civilisation Europeenne) ist den Deutschen noch nicht geglückt – ein Deutschland-Rat, den Armin Mohler, die kluge Spinne im neurechten Netz, ins Leben gerufen hatte, ist nach kurzer Zeit gescheitert. Aber das Publikationsnetz ist da: Zeitschriften wie *Wir selbst, Mut, Aufbruch* oder *Criticon* haben ihren Autorenkreis bis zu den »großen Intellektuellen« der Konservativen vorgetrieben. In der Zeitschrift

Mut schrieben in den letzten Jahren Hellmut Diwald, Irenäus Eibl-Eibesfeldt, Ernst Jünger, Konrad Lorenz, Golo Mann oder der katholische Münchner Philosoph Robert Spaemann; aber auch Publizisten und Politiker, die ganz eindeutig den großen, integrationistischen Parteien der Bundesrepublik nahestehen oder ihnen angehören: Franz Alt, Gertrud Höhler, Ulrich Lohmar, Dieter Haack, Rudolf Wassermann oder Rupert Scholz.

Da ist nichts mehr von der biederen, kleinbourgeoisen, monotonen Kommunikation der alten Rechten; statt dessen eine gefährliche Ideologie, die konsequent, intelligent und in einer lebendigen Sprache von einer Vätergalerie der europäischen Rechten abgeleitet wird: von Nietzsche, dem großen Kulturpsychologen des späten neunzehnten Jahrhunderts, von Vilfredo Pareto, dem Theoretiker des »Kreislaufs der Eliten«, von dem Philosophen der »Feldwege« Martin Heidegger, von dem Analytiker des »Aufstands der Massen«, José Ortega y Gasset, von Ernst Jünger, der den Kampf als inneres Erlebnis beschwor und in einer frühen, gefährlichen, aber prophetischen Schrift eine völlig neue Gestalt des »Arbeiters« heraufbeschwor, und natürlich von Carl Schmitt, der Politik als das Verhältnis von Freund und Feind definierte, und von Gaetano Mosca, dem italienischen Theoretiker der politischen Klasse.

Und da man das Denken nicht auf eine Dimension, die theoretische, verkürzen soll, werden zur emotionalen Unterfütterung des sorgsam rekonstruierten »heroischen Realismus« (Ernst Jünger) auch große Lyriker oder Epiker eingemeindet – von Gottfried Benn bis zu Céline, von Miguel de Unamuno, dem großen Spanier, bis zu Dostojewski. Da versucht man, einen Kanon, ein *core curriculum,* einen Lehrplan des tragischen Lebensgefühls zu konstruieren, der sich mühelos mit der Distanzierung von Hitler, dem Massenmord an den Juden und dem primitiven Rassismus der Blut-und-Boden-Ideologen verträgt und trotzdem für die liberale, aufgeklärte, im Kern laizistische, tolerante Zivilgesellschaft eine weit größere Gefahr bedeutet als das, was unsere Polizisten beobachten.

Es sind alte Motive, die da modernisiert werden; zum Teil reichen sie bis in die politische Romantik zurück. »Ethnische« völkische Identität statt einer kosmopolitischen Weltzivilisation, vitalisierende Kämpfe statt »lähmender Sicherheit«, das abenteuerliche Herz gegen das verächtlich weggeschobene »Miniglück in der Eigentumswohnung«. Die realpolitischen Konsequenzen dieser Philosophie würden die sich gerade weiterentwickelnde Formenwelt der westeuropäischen Demokratien zertrümmern. Diese Konsequenzen sind: dezidierter Antipluralismus, ethnische Reinheit, das als Nationalstaat verfaßte Volk, Entscheidungsfähigkeit vor Individualrechten. Ein kluger Beobachter (Wolfgang Gessenharter) resümiert, »daß sich im Laufe der letzten etwa fünfzehn Jahre sowohl vom Ideenpotential als auch organisatorisch eine Gruppierung zwischen dem deutschen Konservatismus und dem deutschen Rechtsextremismus konstituiert hat, die gewissermaßen eine Scharnierfunktion, also Verbindung und Begrenzung gleichermaßen, zwischen beiden bildet«. Und was nun?

Nun kann man diese Formveränderung bei der rechten Rechten natürlich einfach leugnen. Man kann sagen: Alles dieselbe Chose, alles Faschismus, die einen ein bißchen gebildeter, die anderen primitiver, wehret den Anfängen, der Schoß ist fruchtbar noch, aus dem das kroch.

Auch ich bin keineswegs sicher, wie echt die Wandlung früherer Rechtsextremisten ist. Ein Mann wie Pierre Krebs, der Leiter des Bielefelder »Thule-Seminars«, einer deutschen Filiale der Nouvelle Droite – so lese ich in den einschlägigen Diensten –, macht Frankreich-Seminare mit Aktivisten der Nationalen Front. Tarnt er sich also nur, hat er Kreide gefressen? Bernhard C. Wintzek, Gründer, Chefredakteur und Herausgeber von *Mut,* gehörte zu den Initiatoren der »Aktion Widerstand«, die damals als Einheitsfront des rechtsextremen Lagers konzipiert war und den »defensiven« NPD-Kurs radikalisieren sollte. Noch 1983 hat der Mann, der tief aus der rechtsradikalen Szene stammt, geschrieben, der »Alibibrief zur deutschen Einheit« sei nichts anderes als die »silberne Verpackung einer schmutzigen Ware, die Verschleierung der tatsächlich aufgegebenen Wiedervereinigungspolitik, die schamlose Aufgabe der Souveränitätsrechte über das ostdeutsche Reichsgebiet«. Kann ein solcher Mann sich »ändern«? Und zwar in wenigen Jahren?

Ich denke nicht daran, solche Fragen mit Ja zu beantworten. Ich halte es nicht nur für möglich, sondern für wahrscheinlich, daß eine Reihe der Protagonisten der Neuen Rechten alte Rechtsextremisten sind. Ich will nichts mit ihnen zu tun haben. Aber ich weiß eines: Mit dem Verfassungsschutz sind sie nicht wirksam zu bekämpfen. Man sieht das nirgends deutlicher als in denjenigen osteuropäischen Ländern, in denen jetzt der Deckel des kommunistischen Parteimonopolismus von den Töpfen der Gesellschaft genommen wird. Neben der demokratischen Opposition kochen auch alte Kräfte auf: nationalistische, autoritäre, sogar antisemitische. Auch vierzig Jahre der Repression haben nicht genügt, solche Ideen zum Verschwinden zu bringen. Bei Ideen hilft nicht verbieten, sondern nur widerlegen.

Denn unter dem Überbau gibt es ja noch die Basis; unter dem Ideenhimmel das Volk. Zwar ist die Ideologieproduktion in allen Bewegungen wichtiger, als die Caudillos meinen; aber wenn Ideologien Massen ergreifen sollen, müssen sie sie erreichen. In den Worten des in

England lehrenden Marxisten Ernesto Laclau: »Klassen können ihre Hegemonie nicht gewinnen, ohne das Volk in ihren Diskurs einzugliedern; und die spezifische Form dieser Eingliederung im Falle einer Klasse, die dem Machtblock insgesamt entgegentreten will, um die Hegemonie zu gewinnen, ist der Populismus.«

Der Populismus ist – neben den Ideologieproduzenten der »Neuen Rechten« – die andere »Formveränderung« des Rechtsradikalismus; und er ist polizeilich erst recht nicht faßbar. Den Innenministern wird es mit dem Populismus gehen wie dem alten Mann mit dem Meer: Wenn sie mit ihrem Fisch am Ufer zurück sind, wird er abgenagt sein, nur noch ein Skelett, unbrauchbar.

Wer sind Populisten? Sicherlich George Wallace, Jean-Marie Le Pen und Franz Schönhuber; aber auch Juan und Evita Perón, Petra Kelly und Boris Jelzin. Es sind Autokraten darunter, aber auch Demokraten: Strauß zum Beispiel, als gefeierter Massenredner seiner altbayerischen Heimat. Und neben dem Rechtspopulismus, dem autoritären Populismus (der in Faschismus *umschlagen* kann, aber kein Faschismus ist), gibt es auch linken Populismus. Die Rechte in der Bundesrepublik fürchtet, daß Oskar Lafontaine über ihn verfügt.

Was waren populistische Bewegungen? Der Kampf der Farmer des amerikanischen Mittelwestens und -südens in der zweiten Hälfte des neunzehnten Jahrhunderts gegen die politische Übermacht der Großstädte, der Monopole, der Eisenbahngesellschaften, Banken, Trusts und gegen die Zwischenhändlerprofite; die antisemitische Agitation des Berliner Pfarrers Stoecker in den achtziger und neunziger Jahren; die Landvolkbewegungen in Schleswig-Holstein, aber auch der rebellische Widerstand der Brüder Gandorfer mit radikalen Gruppen des Bayerischen Bauernbundes in Niederbayern während der Revolution nach dem Ersten Weltkrieg.

Der Populismus hat ein Janus-Gesicht: Er kann hinterwäldlerisch, autoritär, sektiererisch und antisemitisch sein, aber auch sozialreformerisch, progressiv, friedensbewegt. Immer aber formuliert er einen allgemeinen Widerspruch Volk/Machtblock. Er ist eben nicht der von den Marxisten beschworene Diskurs Arbeit/Kapital; die Populisten wollen ein umfassenderes Bündnis schließen. Der Populismus knüpft am »Alltagsverstand« (Antonio Gramsci), an den Volkstraditionen, an der Volksmoral an – und bindet dann alle möglichen Forderungen, Gefühle und Ideologien an diese Anti- und Volks-Diskurse. Er mobilisiert Widerstandsenergien, versteckte Wünsche, verdrängte Widersprüche. Er appelliert an die Empörbarkeit des Menschen; aber auch an seine Verhetzbarkeit.

Franz Schönhuber ist ein Rechtspopulist. Er greift die neurotischen Ängste, die Verunsicherungen, die Regressionsneigungen seines Publikums auf. Nur macht er es umgekehrt wie die Psychoanalytiker; seine Patienten werden nie mündig werden. Die Adressaten seiner »Arbeit der Zuspitzung« sind die abstiegsbedrohten Teile der unteren Mittelschicht, gelernte und ungelernte Arbeiter und die von der Linken meist abgeschriebene, mißachtete, in ihrer Vielfalt verkannte Zwischenschicht der kleinen Selbständigen, alter und neuer Provenienz.

Es gibt aber auch linken Populismus, wenngleich er in Deutschland nicht verbreitet ist. Der Lehrer macht von ihm Gebrauch, wenn er in der Oberklasse der Hauptschule einer Mittelstadt nicht linke Phrasen drischt, sondern eine Geschichtswerkstatt betreibt: Aufklärung zum Beispiel über die Nazis, die Mitläufer und die Widerständler der Stadt in Form von Heimatkunde. Die Empörung über Tiefflug kann mißbraucht werden – als billige Agitation gegen die Bundeswehr oder »die Amerikaner«; sie läßt sich aber auch einfügen in einen Diskurs

»linker Patriotismus«, der die Ablösung von alliierten Vorbehaltsrechten fordert, ohne nationalistisch überzuschießen. »Die sogenannten spontanen Bewegungen zu übergehen oder schlimmer, zu verachten«, hat der in Mussolinis Gefängnissen zugrunde gerichtete italienische Kommunist Antonio Gramsci gesagt, »hieße, darauf zu verzichten, ihnen bewußte Führung zu geben ...«

Laurence Goodwynn, der Verfasser eines neueren Buches über die Geschichte des amerikanischen Populismus, hat den Begriff des »populistischen Moments« geprägt; das ist eine historische Konstellation, in der infolge eines tiefgehenden Modernisierungsschubs ganze Bevölkerungsteile gleichsam obdachlos werden. Die Bundesrepublik lebt zur Zeit in solch einem »populistischen Moment«, auch einige ihrer westeuropäischen Nachbarländer. Die Frage ist: Wollen wir die »Obdachlosen« den Rechtspopulisten überlassen?

Genau das aber würde geschehen, wenn die Demokraten ihr Unterscheidungsvermögen verlören. Wenn alle Neonazis wären; wenn wir das Wort »Faschismus« benutzten wie der Kleinbürger das Wort Hure; als schärfste Form der Beschimpfung, abstrahierend von seinem Sinn. Es ist absurd, die eigene Sprache auf ein solch primitives Niveau herabzuwürdigen, daß man für ganz verschiedene Gegner nur noch einen Begriff hat: für den übergeschnappten, gewalttätigen, inzwischen verstorbenen Wirrkopf Michael Kühnen, einen der Führer der in der Tat neonazistischen »Bewegung«, den gleichen wie für – sagen wir – Frey, Schönhuber, Gerd-Klaus Kaltenbrunner oder gar eine der Galionsfiguren des nationalkonservativen Flügels der Union.

Organisationen, die Menschen töten oder gefährden, die die Abschaffung von Grundrechten oder der ganzen Demokratie planen, muß man verbieten. Mit den anderen – den in Wirklichkeit Gefährlicheren – muß man sich auseinandersetzen, wenn man in der Logik einer liberalen Demokratie bleiben will. Die reproduziert und entwickelt sich in Rede und Gegenrede, in Kommunikation. Administrative Maßnahmen sind ein letztes Mittel gegen den Umsturz; nichts sonst. Populistische Parteien dagegen, Parteien wie die »Republikaner«, bringt man nur durch den Parlamentarismus in Schwierigkeiten, wie es das Beispiel des Berliner Abgeordnetenhauses schon nach wenigen Monaten zeigte. Der gängige »Antifaschismus« der Bundesrepublik dagegen (Behinderung von Veranstaltungen der »Republikaner«, autonome Streifen anläßlich Hitlers Geburtstag, »Aktionseinheiten« aller Art) ist hilflos und schafft Märtyrer. Als Dany Cohn-Bendit, der jüdische Journalist, ehrenamtlicher Dezernent für »Multikulturelles« im Magistrat der Stadt Frankfurt, den Ruf »Nazis raus« vernahm, fragte er zurück: Raus wohin? Das war die richtige Frage.

Ich habe auch Zweifel, ob es einen Sinn ergibt, die Organisation der »Republikaner« durch den Verfassungsschutz auf mögliche verfassungsfeindliche Ziele observieren zu lassen. Was wird das bringen; Die Partei hat keine Waffenlager, keine Untergrundorganisation, keine paramilitärische Ordnergruppe. Man wird nach langen Untersuchungen vielleicht besser wissen als heute, wie viele Polizisten, Postzustellbeamte und länger dienende Unteroffiziere der Bundeswehr Mitglieder dieser Partei geworden sind. Was dann; Einige hundert langjährige Prozesse, durch alle Instanzen, um sie aus dem öffentlichen Dienst hinauszuklagen? Die wenigen, zweifelhaften Siege, die die Bundesrepublik auf diese Weise gegen eine Handvoll Kommunisten errungen hat, haben dem Staat nicht genützt, sondern geschadet. Es ist nicht recht einzusehen, wieso das bei den »Republikanern« anders sein sollte. Man würde ihnen nur helfen, Proselyten zu machen.

Natürlich, ich verstehe die Strategen unserer großen Lager schon. Die einen, aus der Linken, hoffen, die Union in eine Falle zu locken. Auf die Dauer, so sagen sie sich, wird es Koalitionen zwischen der CDU/CSU und den »Republikanern« geben.Wenn man die »Republikaner« zuvor konsequent als »rechtsextremistische Partei« eingestuft hat, ist der Gegner markiert: Er praktiert mit den Feinden der Demokratie.

Die Strategen der Rechten (so der bayerische Innenminister Stoiber) kalkulieren andersherum. Die Wähler der »Republikaner«, so sagen sie sich, sind reputierliche Leute; natürlich, es sind unsere Wähler von gestern. Wenn sie hören, daß die neue Partei observiert wird, wird sie möglicherweise unwählbar. Ach Minister müssen gelegentlich spekulieren, wenn sie ihr Amt ordentlich erledigen wollen. Ich fürchte allerdings, daß diese Spekulationen allein taktisch motiviert sind. Das politische System der Bundesrepublik ist stabil genug, »populistische Momente« zu überstehen; auch den jetzigen. Sollte es indes nicht mehr stabil genug sein, wird ihm auch der Verfassungsschutz kaum helfen können.

Ich schlage vor, daß wir uns an das »Toleranzedikt« Jean Amérys halten. Dieser bedeutende Schriftsteller, der durch die Mühle der nationalsozialistischen Konzentrationslager gegangen war, hat sich in seinem letzten Text, geschrieben wenige Wochen vor seinem Freitod im Jahr 1978, mit der Bedrohung der Demokratie auseinandergesetzt. Seine Analyse, bezogen auf einen linkspopulistischen Moment, gilt auch für einen rechtspopulistischen:

»Im Panzer einer neomarxistischen, abstrakten Begriffswelt steckend, sahen wir ›Faschistoides‹, weil es Banken gab und Industriekomplexe, und vergaßen über solch Erschrecknis den gewöhnlichen Faschismus, den Nazismus, um präziser zu sein (denn die Gleichung

Faschismus = Nazismus geht nicht auf) –, und unterließen es, auf geradezu sträfliche Weise, die Jugend über diesen wenigstens so halb und halb aufzuklären. Statt Analysen der geschichtlichen Wirklichkeit vorzunehmen, errichteten wir Begriffskartenhäuser ... Was die Deutschen bedroht, wenn ich richtig sehe, nicht eine Gewaltherrschaft à la Argentinien, zu schweigen von Chile oder Nicaragua. Jene, die sich derlei einbilden und entsprechend zur Gegengewaltaktion schreiten, spielen nur den wirklich gefährlichen Elementen in die Hände, ich meine: den Kern deutscher Obrigkeitsstaatlichkeit, die in den Tagen des Wilhelminismus auskam ohne Tortur, ohne alle Anzeichen physischer Brutalität, so daß der Thomas Mann der ›Betrachtungen eines Unpolitischen‹ sich zu ihr glaubte bekennen zu dürfen. Langsam, Schritt für Schritt wird man trachten, die bürgerlichen Freiheiten einzuschränken. Dagegen werden wir nicht ankommen mit Begriffen, die dem Volk nichts sagen, auch nicht mit verhängnisträchtigen Schlagworten ... Unsere nimmermüde Wachsamkeit, unsere Kampfbereitschaft dürfen uns nicht dazu verleiten, Feuer zu schreien, wenn noch keine Flammen aufzucken.«

Soweit Jean Améry.

Über Verharmlosung

Faschismus ist nach George Dimitroff »die offene terroristische Diktatur der reaktionären, am meisten chauvinistischen, am meisten imperialistischen Elemente des Finanzkapitals«.

Populismus fängt nach Ernesto Laclau dort an, »wo populäre demokratische Elemente als antagonistische Option gegen die Ideologie des herrschenden Blocks präsentiert werden. Das bedeutet, wohlgemerkt, nicht, daß der Populismus immer revolutionär ist. Es genügt, daß eine Klasse oder Klassenfraktion zur Behauptung ihrer Hegemonie eine grundlegende Veränderung im Machtblock braucht, um eine populistische Entwicklung zu ermöglichen. In diesem Sinne können wir einen Populismus der herrschenden Klasse und einen Populismus der beherrschten Klassen unterscheiden.«

Im *Neuen Deutschland* vom 1. August 1989 konnte man unter der Überschrift *»Herr Glotz verharmlost die Neonazis«* folgenden Kommentar lesen:
»Herr Glotz, führender Politiker der SPD, hat es für passend gehalten, sich mit dem Chef der neonazistischen ›Republikaner‹, Franz Schönhuber, gemein zu machen. Und zwar in einem ›Streitgespräch‹ in der Springer-Zeitung *Die Welt* von gestern.
Dabei führte der ›Streit‹ Herrn Glotz zu Erkenntnissen, die befremdlich zu nennen eine Untertreibung erster Kategorie wäre: ›Schönhuber ist ein Mann, der im Unterschied zu diesen dunkel-langweiligen Figuren (!) der rechtsradikalen Szene unter Umständen in der Lage ist, eine erfolgreiche rechtspopulistische

Partei aufzubauen.‹ Auf eine Zwischenfrage: ›Ich halte Schönhuber für einen Rechtspopulisten. Ich halte überhaupt nichts davon, mit Begriffen wie Faschist, Nazi und ähnlichem um mich zu werfen.

Diese unglaubliche Verharmlosung und Verniedlichung des Neonazismus geht Glotz ganz glatt über die Lippen: Schönhuber, der SS-Mann aus der Leibstandarte Adolf Hitler – kein Faschist. Jener SS-Mann an der Spitze der›Republikaner‹, die offen die Nazi-Ideologie propagieren, die dem ›Reich‹ ihres ›Führers‹ nachtrauern und es zumindest in den Grenzen von 1937 wiederherstellen wollen, die von ›Reinhaltung des deutschen Blutes und der deutschen Volksseele‹ schwafeln und dumpfen Ausländerhaß schüren – dieser Schönhuber: kein Neonazi? Er, der den Zentralrat der Juden in Deutschland als ›fünfte Besatzungsmacht‹ verunglimpfte und verlangt, man könne nicht immer neue Generationen mit ›den Ereignissen‹ (!) zwischen 1933 und 1945 ›belasten‹ – kein Nazi?Sondern ein Populist, ein populärer Volksmann quasi, der eine in die BRD-Landschaft sozusagen ganz gut passende, also gewiß auch verfassungskonforme Partei aufbauen könne?

Vertritt Glotz seine unglaublichen Ansichten, weil er einen Totalausfall in geschichtlichem Erinnerungsvermögen hat? Weiß er nicht, daß alles schon einmal so anfing? Daß die Hitlerfaschisten am Anfang nur eine kleine Clique waren? Daß selbst ihr Putsch von 1923 scheiterte? Damals hörte man: Die sind keine Gefahr. Aber zehn Jahre später hatten Monopole und Militaristen den Nazis die Macht übertragen und Hitler in den Sattel gesetzt. Sogar damals gab es noch gewisse Leute, die meinten, man solle die Gefahr nicht übertreiben – die Nazis würden sich sowieso

›abwirtschaften‹; jeder weiß aber, wie und womit es endete.

Und das sind Tatsachen von heute, die in der ganzen Welt Besorgnis und Empörung auslösen: Die ›Republikaner‹ des SS-Mannes Schönhuber rekrutieren sich vor allem aus den Reihen von Polizei, Bundeswehr, Bundesgrenzschutz, Justiz und sonstiger Beamtenschaft. Nach ihren alarmierenden Wahlerfolgen in Berlin (West), einigen Bundesländern der BRD und bei den sogenannten Europawahlen werden sie künftig zu jeder Wahl antreten. Schönhuber, der seine Pappenheimer in den anderen Parteien genau kennt, vermeldet schon jetzt unglaublichen Zustrom und prophezeit Wahlresultate von bis zu fünfundzwanzig Prozent.

Nein, das, was ausgerechnet auf den Seiten der Springerschen *Welt* betrieben wird, ist eine gewissenlose und gefährliche Bagatellisierung der Neonazis. Es stünde jedem westdeutschen Demokraten gut an, die Dinge beim richtigen Namen zu nennen. Und auf die Warnungen zu hören, die, auch in der BRD, von überall herkommen: Schluß mit den Neonazis! Die ›Republikaner‹ müssen bekämpft werden!«

Fragen:

Erstens: Glaubt das *Neue Deutschland,* daß das große Finanzkapital am Ende der achtziger Jahre nationalistisch ist? Gibt es ein Anzeichen dafür, daß eine Organisation wie die Franz Schönhubers in der Bundesrepublik die Unterstützung der Deutschen Bank oder von Citi Corp. New York genießt?

Zweitens: Könnte es einen Unterschied zwischen Hitler und Schönhuber geben, weil Hitlers Vision, das Dritte Reich, den Interessen der Hintersassen von Hugenberg und von Papen entsprach, während eine Splitterpartei des absteigenden Mittelstandes heute den Interessen des international verflochtenen Industrie- und Finanzkapitals nicht entspricht?

Drittens: Warum wollen Hunderttausende von Menschen aus einem Staat, in dem es keine Neonazis mehr gibt, überwechseln in einen Staat, in dem die Neonazis ganz offensichtlich wie Pilze aus dem Boden schießen?

DER POPULISTISCHE ANGRIFF

Der rechtspopulistische Diskurs der neunziger Jahre ist bislang nicht ausformuliert; er wird ins unreine gesprochen, seine Elemente stehen noch wie unverbunden nebeneinander. Das Wirksamste ist dabei ohne Zweifel das Aufbegehren der Einheimischen gegen die Fremden, die »Überfremdung«. Das steckt den Leuten in den Knochen; verglichen damit ist der Nationalismus (Deutschland, nationale Identität, Wiedervereinigung) noch eine eher intellektuelle, ideologische Sache. Aber diese und alle anderen Elemente würden sich nie zu einem »Diskurs« verbinden, wenn es nicht einen Klebstoff gäbe, ein Amalgam, ein (ökonomisches) Bindemittel: Abstiegsangst.

Ich habe 1984 (in der »Arbeit der Zuspitzung«) den Begriff der »Zwei-Drittel-Gesellschaft« vorgeschlagen. Der Begriff hat mittlerweile Karriere gemacht. Er meint »eine Gesellschaft, die mit hoher Arbeitslosigkeit lebt, die eine neue Armut duldet, den Kern der Arbeiterschaft materiell einigermaßen sichert, konfliktunfähige Randgruppen aber ausgrenzt«. Zwei-Drittel-Gesellschaften sind das Produkt einer vitalen, aber ungerechten, entsolidarisierenden Krisenbewältigung. Der gegenwärtig sich entwickelnde Rechtspopulismus ist wiederum ein Spaltprodukt der Zwei-Drittel-Gesellschaft.

Dabei muß man sich vor jeder einschichtigen, monokausalen Erklärung des Rechtspopulismus hüten. Das ökonomische Motiv (Benachteiligungen im wirtschaftlichen Entwicklungsprozeß, Unzulänglichkeiten sozialstaatlicher Leistungen usw.) ist sozusagen die Chemie, die unterschiedliche Pflanzen zum Wachsen bringt. Sie ist das Düngemittel. Wenn die mit dem Düngemittel hochgezogene Vegetation allerdings groß und widerstandsfähig geworden ist, kann der Kampf gegen das Düngen irgendwann zu spät kommen. Dann muß man sich mit den fleischfressenden Pflanzen selber auseinandersetzen.

In der gegenwärtigen Klientel des Rechtspopulismus kann ich sieben Sozialcharaktere identifizieren. Wahrscheinlich sind es mehr. Aber schon diese sieben »Typen« zeigen die Vielfalt des Rohstoffes, der da gerade Politik wird, wo also nur noch die Übersetzung der politischen Erregung in eine politische Vorstellung fehlt.

Ich beschreibe diese sieben Sozialcharaktere so:

- *Der Rechtsradikale:* Er war nie zufrieden mit dem politischen System dieser Republik. Er kann ein alter Nazi sein, ein alter Mitläufer oder auch ein junger Idealist oder ein junger Wirrkopf, was manchmal dasselbe ist. So jemand hat immer schon Splitterparteien – oder gar nicht – gewählt. Er springt jetzt auf die »Republikaner«, weil er ihnen mehr Chancen gibt als Frey, der NPD oder sonst einer kleinen Partei. Überwiegend – aber nicht nur – Kleinbourgeoisie; solange sich die »Republikaner« um sechs oder sieben Prozent bewegen, dürfte ein Fünftel dieser Wähler aus dieser Gruppe kommen.
- *Ländliche Unterschicht:* Die kleinen Bauern, vor allem in Süddeutschland, haben eine Siebzig- oder Achtzig-Stunden-Woche und seit Jahren ein stagnierendes Einkommen. Sie haben »Besitz«: Grund und Boden, aber sie gehören zum eigentlichen Proletariat. Entweder quälen sie sich allein und ohne Hilfe mit ihrem Hof ab, oder sie bürden ihn der Frau auf und pendeln in irgendeinen Industriebetrieb der Umgebung. Kein Wunder, daß Haß, Bitterkeit, auch Radikalität entsteht. Den Inhabern von Gasthöfen, Einzelhandelsgeschäften, kleinen Hotels oder den Handwerkern in abgelegenen Gebieten geht es nicht viel anders. Sie sehen, wie Indu-

striearbeiter oder mittlere Angestellte aus den Dienstleistungs- und Verwaltungsberufen an ihnen vorbeiziehen.

- *Absteigende alte Mittelschichten:* Die Modernisierung der Wirtschaft bewirkt Kahlschläge; im Einzelhandel zum Beispiel, wo die Abhängigkeit von großen Liefernetzen zunimmt, aber auch bei vielen kleinen Zulieferbetrieben, denen ihre Abnehmer (unter dem Hinweis auf »Europa« und die Konkurrenz der »Schwellenländer«) harte Vertragsbedingungen diktieren. Man muß sich schinden, man bekommt keine Lehrlinge mehr und empfindet das ständige Schwelgen der Regierung in glänzenden Konjunkturzahlen (»Wir sind Spitze«) als Hohn.

- *Randbelegschaften der Industrie:* ungelernte Arbeiterinnen und Arbeiter, auch Fachkräfte, aber auf den schlechteren Jobs. Hohe Mieten und verringerte Sozialleistungen erschweren das Leben. Die Mobilität sinkt. Man hat weniger soziale Kontakte. Ausländer werden zur Konkurrenz; vor allem um den Wohnraum. Man erlebt, wie das Viertel, in dem man seit langem wohnt, »herunterkommt«. Das stützende Milieu von Großfamilien ist fast ganz verschwunden. Der Organisationsgrad in Gewerkschaften, Parteien und Vereinen ist gering; man muß seine Krisen mit sich selbst ausmachen. Es gibt wenig, worauf man sich freuen, worauf man hoffen kann

- *Modernisierungsgegner:* Das ist der Selbständige, im Eigenheim mit Bergblick in Kolbermoor bei Rosenheim (zum Beispiel), Funktionsträger des Roten Kreuzes und Träger der Ehrennadel der meisten örtlichen Vereine. Es geht ihm überhaupt nicht schlecht; er hat ein Busunternehmen oder eine Kraftfahrzeugwerkstatt. Aber ihn stört die Insubordination seiner Töchter; und die Mutter, der er ein gutes Leben ermöglicht, hilft dem Bams noch. Er wird fuchsteufelswild, wenn er in seinem Sportverein sieht, wie die jungen Leute sich bedenkenlos heiraten und ebenso bedenkenlos wieder scheiden lassen. Und er haßt den Verlust an Würde und Feierlichkeit, den er bei der Repräsentation seines Staates zu bemerken glaubt. Deutschland wird ihm ein Schlampladen.*

- *Untere Administration des Wohlfahrtsstaates:* Das sind Polizisten genauso wie Krankenschwestern und die »Schalterbeamten und -beamtinnen« für Wohngeld und Gesundheitsberatung, Pflegeleistungen, Sozial- und Jugendhilfe. Sie sehen täglich Krisen, Leid, Tod. »Der Hoffnungslosigkeit der Betroffenen steht die Erfolglosigkeit der Betreuer gegenüber. Betreuer wie Betroffene geraten in eine ähnliche Mischung aus Wut und Resignation« (Ulrich Pfeiffer).
- *Jugendcliquen:* Vor allem junge Männer, die keinen Einstieg in die Gesellschaft, insbesondere keinen Einstieg in die Arbeitswelt finden. Sie tun sich zu Cliquen zusammen. Die Clique ersetzt alles: Großfamilie, eigene Familie, Berufskollegen, Kirche, Vereine, manchmal sogar die Freundin. Bestimmte Riten entstehen; auch Gewalt kann eine Rolle spielen. Keine große Gruppe; die systematische Einbindung in politische Strukturen ist (zum Beispiel bei den »Jungen Nationaldemokraten«) bisher immer gescheitert. Ein Rest des Männerbündischen, das in den Jugendbewegungen und im Nationalsozialismus eine Rolle spielte, lebt hier fort.

Diese Klientel ist keineswegs fest zusammengefügt. Die einzelnen Rebellionen sind noch nicht verbunden. Es fehlt zum Beispiel die Unterstützung von wirklich wichtigen Fraktionen der Wirtschaft, des Kapitals; das bißchen kleiner Mittelstand, das bisher dabei ist, macht nicht viel her. Und besonders drei weitere Sozialcharaktere halten sich noch zurück; sie finden es noch nicht reputierlich genug, die »Republikaner« zu wählen. Das sind:

- *Fundamentalistische Protestgruppen der Kirchen:* in der katholischen Kirche vor allem militante Gegner der Abtreibung, aber auch des II. Vatikanums, der Liturgiereform. Aus dem Umfeld der protestantischen Kirche nationale Kreise, aber auch freireligiöse Gruppen, die durch die verschiedenen Individualisierungsschübe der letzten Zeit verunsichert worden sind.
- *Nationalkonservatives Bürgertum:* Man steht in einer langen Tradition; die Urgroßväter haben an den Bismarck-Türmen mitgebaut. Natürlich will man die Erfahrung des Dritten Reiches nicht wiederholen; es gibt eine gesunde Skepsis gegen das plebejische Element populistischer Parteien. Aber die Kritik an der laschen Führung des Staates wächst. Das sind die Leute, die die »Taktiererei« Heiner Geißlers nicht mehr mitansehen konnten. Man selbst oder die Eltern waren Stammwähler von Adenauer; aber jetzt ist die CDU von der SPD, so glaubt dieses Bürgertum, kaum noch zu unterscheiden.
- *Rechte Ökologen:* Aus dem ökologischen Denkansatz kann auch Ökoegoismus, Umweltnationalismus hervorgetrieben werden. Hier liegt die Gefahr eines »antizipatorischen Nationalismus«, der die Alternative »grüner (deutscher) Baum oder Asylantenheim« stellt. »Wann beginnt die Demagogie für unser grünes deutsches Vaterland?« (Klaus Hartung)

Niemand sollte sich vormachen, daß all diese Wähler nur Einbildungen, Phantomen nachjagen. Die Einbildung liegt darin, daß der Populismus die Probleme lösen würde, gegen die man rebelliert. Aber die Rebellion entzündet sich nicht nur an *neurotischen* Ängsten und Einbildungen, sondern durchaus auch an groben Verletzungen von Lebensinteressen. Die Wohnungssituation in manchen Trabantensiedlungen am Rande der Großstädte ist katastrophal. Wenn eine (dringend benötigte) Krankenschwester eine schon akzeptierte Stelle nicht antreten kann, weil sie bei einem Nettogehalt von eintausendfünfhundert Mark neunhundert Mark Miete zahlen müßte, ist ihre Empörung keineswegs neurotisch. Das Arbeitsleid des kleinen Bauern im Allgäu oder der Oberpfalz wird hautnah erlebt. Und die Konkurrenz zwischen deutschen Unterschichten und Ausländern ist keineswegs nur das Ergebnis von Hetze. Viele Ausländer leben in großen Familienverbänden, mehrere Personen erzielen Einkommen, sie haben große Beziehungsnetze aufgebaut und ziehen so an ihren deutschen Klassengenossen vorbei.

Man kann den Neid, der da entsteht, natürlich moralisch verurteilen; aber das ist noch keine politische Reaktion. Und auch die Kritik an der politischen Klasse, die diese »rebellierenden« Wähler üben, ist nicht nur Ressentiment. Der kleine Selbständige mit seinem am Rande des Konkurses balancierenden Unternehmen kann sich genau erinnern, daß ihm der örtliche CSU-Abgeordnete bei der Wahl 1982 versprochen hatte, die Regierung Kohl werde die Lohnfortzahlung im Krankheitsfall drastisch einschränken. Also klagt er die »Wende« ein. Und der Eindruck, daß sich Politiker aller Parteien zuwenig um die Bedürfnisse, Stimmungen und »Kriege« im unteren Drittel der Gesellschaft kümmerten, ist ja nicht einfach aus der Luft gegriffen. Man muß nur Namen wie Albert Vietor, Horst Schiesser, Bernd Otto, Uwe Barschel, Friedrich Karl Flick nebeneinanderschreiben, um sich klarzumachen, welcher Intensitätsgrad von Abwehr da mobilisiert werden kann.

Auf diesem Feld ackert Franz Schönhuber. Hier versucht er, politische Halbprodukte weiterzuentwickeln, eben die »Arbeit der Zuspitzung« zu leisten. Sein Motto: »Wer eine gute Witterung für sich anbahnende Wetteränderung hat, spürt auch bei uns den von rechts aufkommenden Wind die Nase kitzeln, das Herz höher schlagen.« Der Mann weiß genau, daß er keine Chance hat, wenn er (wie noch im »Programm der Republikaner« von 1987) beim altrechten Diskurs stehenbleibt. Also bemüht er sich, die anpolitisierten Themen zusammenzufassen.

Er selbst nennt seinen Diskurs (Jean-Marie Le Pen mit seinem »Les Français d'abord« kopierend) »Deutschland zuerst«. In Wirklichkeit ist das, was er herauszukristallisieren versucht, ein neuer Nationalismus mit einer innen- und einer außenpolitischen Komponente. Schönhuber politisiert, indem er ein Feindbild schafft: erstens die Fremden und zweitens die, die uns den Fremden ausliefern. Seine Aktualisierungen lauten:

- Die Ablehnung des Gemeinsamen Marktes, der uns wirtschaftlich verelenden lassen wird. Deutsches Kapital wird nach Süden fließen, arbeitslose Ausländer werden die Deutschen verdrängen.
- Bei Öffnung der Binnengrenzen werden Asylsuchende, Flüchtlinge und Verbrecher die Bundesrepublik überschwemmen.
- Die deutsche Währung wird in einen europäischen Inflationsstrudel gerissen.
- Die staatliche Einheit der Deutschen wird unmöglich, weil die Bundesrepublik kein deutscher Staat mehr sein wird.
- Die Landwirtschaft wird Opfer der EG-Agrarordnung.
- Das Handwerk wird der Massenproduktion erliegen.

Diese Forderungen sind wie bei allen Populisten teils falsch, teils halbrichtig, teils richtig, aber schamlos übertrieben. Dieser »neue Nationalismus« ist noch gut bekämpfbar, aber schon gefährlich.

Die politische Klasse der Bundesrepublik sollte ihre falsche Doppelstrategie gegenüber dem neuen Rechtspopulismus – einerseits dämonisieren (»Neonazi«), andererseits ignorieren (»Normalisierung«) – rasch aufgeben. Zwar ist es immer noch denkbar, daß Schönhuber und seine Partei ganz ohne Einwirkung von außen an sich selber scheitern. Neue Parteien sind häufig von krampfartigen Machtkämpfen, Sektenwesen und Korruption bedroht. Verlassen würde ich mich darauf aber nicht.

Die Hauptlast der Bekämpfung liegt dabei bei der großen rechten Volkspartei, bei der CDU/CSU. Zwar dürfen auch Sozialdemokraten nicht so tun, als ob sie das Problem nichts anginge. Sie könnten zum Beispiel in den großen Städten, in denen sie regieren, versuchen, die Kultur der Abhängigkeit, wie sie aus dem Zuteilungssystem von Sozialleistungen entstehen kann, zu durchbrechen und den Bewohnern mehr Einfluß bei der Gestaltung ihrer Lebensbedingungen zu geben. In Frankreich, das einen sehr hohen Ausländeranteil hat, sind hier interessante Modellprogramme entwickelt worden.

Aber entgegen großmäulig verkündeten »empirischen« Studien (die sich im Endeffekt dann auf achtzig Wähler der »Republikaner« stützten) stammt die große Mehrzahl der potentiellen Wähler der Rechtspopulisten heute ohne Zweifel von der CDU/CSU. Meine Faustregel lautet: Im Bundesdurchschnitt kommen zwanzig Prozent der Wähler der »Republikaner« (in Bayern bis zu dreißig Prozent) von der SPD, sechzig (in Bayern fünfzig) von der CDU/CSU, der Rest von rechtsradikalen Splittergruppen und von den Nichtwählern.

Die Sozialdemokraten sind ohne Zweifel in großen

Städten betroffen, wo es »Mißstandskonzentrationen« (Ulrich Pfeiffer) gibt. An viele der »Sozialcharaktere«, die der Rechtspopulismus anspricht, kommt die Linke aber gar nicht heran. So wirkt die (gesamtgesellschaftlich notwendige) Arbeitszeitdebatte der SPD auf Bauern, Gastwirte, Handwerker, Einzelhändler, Taxifahrer und Angehörige der freien Berufe wie ein Hohn, und auch der in den letzten Jahren (sinnvollerweise) von der Linken verstärkte frauenpolitische und feministische Diskurs dürfte im städtischen wie im ländlichen Kleinbürgertum, aber auch in Teilen der Arbeiterschaft nur schwer verständlich zu machen sein. Es bleibt für die SPD die allerdings nicht leichte Aufgabe, sich auf neue Weise um Unterschichten und Randgruppen zu kümmern, die in direkter Abhängigkeit von unzulänglichen Leistungen des Sozialstaats leben müssen und deren Integration in die Gesellschaft nicht gelingt.

Die Union dagegen ist in einem ihrer Kerne betroffen. Nicht in »dem Kern«; als große Integrationspartei verfügt die CDU/CSU wie die SPD über Wählerschichten, die gegenüber dem Rechtspopulismus immun sind (und jede Annäherung an ihn hart bestrafen werden). Der Union widerfährt jetzt das, was die SPD vor einem Jahrzehnt überstehen mußte: schwere innere Konflikte durch das Aufkommen eines Konkurrenten im eigenen »Lager«. Die SPD konnte diese Konflikte nur durch einen Stellungswechsel bewältigen – sie ging in die Opposition. Bleibt der Union etwas anderes übrig?

Deutscher Streit I

Z: *Man gibt dem Schönhuber kein Podium. Ich habe gedacht, mich trifft der Schlag, als ich ihn auf dem Titelbild des »Spiegel« gesehen habe. Ich sage gar nicht, daß er ein Nazi ist. Ich sage: Als ordentlicher Mensch redet man mit so einem nicht. Man wertet ihn nicht auf, der soll in seinen Wirtshaussälen herumgrölen.*

K: *Eine Zeitung ist nicht dazu da, Kommunikation zu verhindern, sondern Kommunikation zu ermöglichen. Ein Politiker ist nicht dazu da, die Interessen seiner Wähler zu verschweigen, sondern zu vertreten. Die Schönhubers müssen widerlegt werden.*

Z: *Qualm kann man nicht widerlegen. Wenn die großen Medien zusammenhalten würden gegen so einen, wenn sie einfach keine Kenntnis nähmen von seinem Geschrei, dann wäre er bald weg.*

K: *Das heißt, daß die Damen und Herren Medienbesitzer, die öffentlichen und die privaten, autokratisch entscheiden, was in einer Gesellschaft ein Thema ist und was nicht?*

Z: *Wir scheiden den Scheißdreck von vornherein aus. Das ist alles. Wir sorgen dafür, daß bestimmte Leute nie reputierlich werden können.*

K: *Was bildet ihr euch eigentlich ein? Das eure erlauchten Privatmeinungen mehr wert sind als die meines Autoreparateurs oder der Friseuse meiner Frau? Der durchschnittliche deutsche Leitartikler hat die fixe Idee, er müsse Gorbatschow oder Pérez de Cuéllar endlich einmal den fälligen Rat geben. Ihr werdet dafür bezahlt, daß ihr die Kommunikation in Gang haltet. Das ist eure Aufgabe, nichts sonst. Wenn ihr das Volk »führen« wollt, müßt ihr in die Politik gehen.*

Z: *Wie soll das praktisch funktionieren? Bei jeder Wahl kandidieren zig Parteien. Wenn ich Schönhuber ein Podium biete, warum nicht auch Frey, Mußgnug, Helga Zepp-Larouche und dem Vorsitzenden der Junggesellen-Partei?*

K: *Drei Prozent bei der bayerischen Landtagswahl, Abgeordnete in Berlin und im Europaparlament ... Du weißt genau, daß er nicht einfach eine Witzfigur ist. Mir wäre wohler, wenn er bloß eine Witzfigur wäre.*

Z: *Denk dran: Hitler war irgendwann auch nicht stärker als der Schönhuber. Hätte man ihn von Anfang an bekämpft ...*

K: *Hätte man von Anfang an die Gründe bekämpft, die zu Hitler geführt haben ...*

Antidemokratische Tendenzen im REP-Programm

Interne Studien des Forschungsinstituts der Konrad-Adenauer-Stiftung Nr. 13/1989

Den zentralen Fragen und Zukunftsproblemen der deutschen Politik stellt sich die Partei nicht. Zwar finden sich im REP-Programm Aussagen zu fast allen politischen Problemfeldern, diese aber sind in ihrer Gewichtung völlig unausgewogen (etwa Umweltschutz und Energiepolitik äußerst dürftig auf der einen und Katastrophen- und Zivilschutz sehr ausführlich auf der anderen Seite) und fügen sich nicht zu einer Gesamtkonzeption zusammen. Von den »Republikanern« werden vor allem Themen besetzt, die sich entweder zur Propagierung nationalistischer Gesinnung, zur Agitation gegen die »etablierten« Parteien oder zur Schürung von Angst- und Protestgefühlen eignen. Im Programm fehlen, abgesehen vom Bekenntnis zur deutschen Nation, Aussagen zum Selbstverständnis der Partei, zu den geistigen und historischen Grundlagen und insbesondere zum Grundwerteverständnis, wie dies bei anderen Parteien ausformuliert ist. Auch die Sachaussagen zu den einzelnen Politikfeldern sind wenig konkret, plakativ-allgemein gehalten und zudem lückenhaft. Es werden jeweils einige wenige Einzelpunkte, oft zusammenhanglos, herausgegriffen und als Forderung beziehungsweise anklagende Zustandsbeschreibung aneinandergereiht.

Es fehlen die zukunftsweisenden Perspektiven; wichtige Problemfelder, in denen der Bürger Problembewußtsein und Perspektiven erwartet, werden meist nur mit wenigen Sätzen und sehr allgemein behandelt. Dies gilt insbesondere für die Wirtschafts- und Sozialpolitik, aber auch für die Bereiche Umweltpolitik, neue Technologien, gesellschaftlicher und wirtschaftlicher Strukturwandel. Besonders bemerkenswert sind die Defizite in den Bereichen Außen- und Sicherheitspolitik, einschließlich der Europapolitik und der Abrüstungs- und Entspannungspolitik. Durch die ausgewählten Inhalte und insbesondere durch die sprachlichen Formulierungen werden Ängste, Affekte und Emotionen der Bürger und gerade nicht das rationale und differenzierte Urteilsvermögen angesprochen.

Arbeiterviertel

Der Besprechungsraum ist eine Art Glaskasten. Wir sind sechsundzwanzig Personen: die evangelischen Pfarrer, die Leiterin der Volkshochschule, Lehrer aus dem Kollegium der Gesamtschule, der Vorsitzende des Bezirksausschusses, eine Frau von der Volkshochschule, Funktionäre der örtlichen SPD, die Organisatorinnen verschiedener Altenklubs der Arbeiterwohlfahrt. Hin und wieder schieben Pfleger eine alte Frau, einen Behinderten im Rollstuhl vorbei.

Es geht um Einbrüche der »Republikaner« im Münchner Arbeiterviertel Hasenbergl – einer Trabantenstadt im ungeliebten, benachteiligten Norden der Stadt, mit inzwischen vielen abgewohnten Altbauquartieren. Wer sagen würde: Hinter Schwabing fängt die Armut an, der wäre nicht genau. Aber das, was man früher »Arbeiterviertel« genannt hat – also Milbertshofen, die Siedlung Am Hart, Feldmoching draußen am Stadtrand und eben das Hasenbergl –, sind jedenfalls Viertel ohne Schickeria.

Da mischt sich schon der ordentlich verdienende kleine Selbständige mit dem abgesicherten Beamten und so manchen Arbeitern aus den großen Metallfirmen des Nordens, die keine Angst haben müssen, entlassen zu werden – aber eben auch mit alten Leuten, die davor zittern, aus ihren Wohnungen gedrängt zu werden, mit ausländischen Arbeitern, mit Aussiedlern und sogar Obdachlosen, die zu zweit oder zu dritt in eine Wohnung gelegt werden, gerade hier am Hasenbergl, in der Stösserstraße, der Wintersteinstraße. Die größere Bourgeoisie fehlt.

In einzelnen Wahllokalen des Hasenbergl haben die »Republikaner« vierzig Prozent errungen; aber nicht in den Elendszonen. Dort ist die Wahlbeteiligung – wie seit langem – lächerlich gering, bei fünfzehn Prozent. Die Erfolge Schönhubers sind nicht herausragend. Seine besten Ergebnisse hat er in Straßen, in denen es viele Eigenheime gibt. Dort wohnen keine Leute, die fürchten müssen, demnächst in den Dreck gedrückt zu werden. Dort wohnen Menschen, die die rasche Veränderung ihrer Umwelt nicht mehr begreifen. Oder nicht hinnehmen wollen.

»Die Sache ist also so«, sagt die im ganzen Viertel bekannte Leiterin eines Altenklubs der Arbeiterwohlfahrt, »ich stehe im Hof bei der Wäsche, und da spricht mich eine Hausnachbarin an, die ich seit zwanzig Jahren kenne. Solide sozialdemokratische Wähler, über viele Jahre. Sie hat jetzt, sagt sie mir, hundert Wähler für die ›Republikaner‹ geworben. Und wißt ihr, warum? Wegen der Wohnung, mit ihrem Sohn.«

Die Geschichte, die sich herausschält, geht so: Im Haus der neuen Wahlhelferin der »Republikaner« wohnt in einer kleinen Wohnung im Parterre eine junge deutsche Familie: ein junger Arbeiter von BMW, seine Frau, der dreijährige Sohn; ein zweites Kind kündigte sich gerade an. Oben im gleichen Haus ist eine Wohnung frei geworden. Die bekam aber nicht das junge Ehepaar mit den demnächst zwei Kindern; die wurde einem türkischen Ehepaar mit vier Kindern zugesprochen. Die Deutschen aus dem Parterre mußten umziehen in die Heidemannstraße, hinüber in ein anderes Viertel. Umzugskosten: dreitausend Mark. Und in dem Haus, bisher »rein deutsch«, war nun eine türkische Familie. »Do hat mei Bua nia a Schanx, hier wohnen zu bleiben«, hat die Frau gesagt. Und ihre Hausbesuche begonnen.

»Es ist ja nicht nur die Fremdartigkeit der Ausländer«, sagt der pensionierte Pfarrer S., der immer noch großen Einfluß im Viertel hat. »Natürlich ärgern sich die Leute, wenn in einer Wohnung plötzlich statt sechs Türken zwölf wohnen; und wenn die Balkonparties feiern, wenn andere schlafen wollen. Es ist einfach das Gefühl, daß ein Prozeß *nicht mehr aufzuhalten ist: die ›Überfremdung‹. Von zehn frei werdenden Wohnungen gehen neun an Ausländerfamilien; und keiner kann helfen. Die Ausländer haben einfach die bessere Punktzahl, sie haben mehr Kinder. Die Deutschen im Viertel fühlen sich an die Wand gedrückt.«*

Der Grund für diese Entwicklung ist »der Computer«, ein Ausdruck sozialdemokratischer Gerechtigkeit. 1984 hat der Stadtrat die Richtlinien, nach denen Wohnungen vergeben werden, verändert. Nicht mehr persönliche Beziehungen sollten entscheiden, sondern objektive Kriterien: Zahl der Kinder, Wartezeit, soziale Lage. Nach den Richtlinien sollen die Einheimischen schon bevorzugt werden; die Wartezeit, die sie brauchen, um berücksichtigt zu werden, ist geringer als bei Ausländern. Aber die Kinderzahl macht alles wett.

Jetzt entscheidet der »Computer«. Und die Leute vom Bezirksausschuß, die Stadträte, die Funktionäre der Wohnungsbaugenossenschaften sind machtlos. Die Abgeordneten auch; das spricht sich herum. Niemand kann etwas tun. Es entscheidet das Wohnungsamt in der Mitte der Stadt. Es entscheidet der »Computer«. Das heißt: Es entscheidet, wie in dem berühmten Roman Franz Kafkas, »das Schloß« – eine Bürokratie, die keiner kennt. Vierzig Prozent »Republikaner« in manchen Wahllokalen.

»Wartet's nur, bis erst das Aussiedlerlager kommt«, sagt eine vierzigjährige Frau, die als Zivilbedienstete bei der Bundeswehr beschäftigt ist. Sie ist die Tochter eines berühmten Arbeiterfunktionärs vom Hart, der da zwanzig Jahre die SPD geführt hat. »Wenn dort erst Polen sitzen, bei denen das einzig Deutsche der deutsche Schäferhund ist, werdet ihr euch umschauen.«

Natürlich protestieren gegen diese Aussage sofort ein paar Genossen. Man müsse das Ausländerwahlrecht, die multikulturelle Gesellschaft offensiv gegen solche Vorurteile verteidigen. Die Kluft wird deutlich: Die SPD als

Organisation repräsentiert zwei Denkansätze, den mißtrauisch mitfühlenden und den moralisch argumentierenden. Die Leiterin der Volkshochschule spricht von »Ghettoisierung«. Die Lehrer der einzigen Gesamtschule Münchens (die von den Türken inzwischen als Instrument des sozialen Aufstiegs benutzt wird) berichten mit großer Überzeugungskraft, daß die deutschen Kinder genauso laut sind wie die türkischen und die griechischen und daß sie ihre Papierschnitzel genauso im Hof herumschmeißen wie die ausländischen Schulkameraden.

Keiner widerspricht. Keiner kann widersprechen. Aber die anderen, die Eingesessenen, wissen, daß ihre eingesessenen Nachbarn fest davon überzeugt sind, die Griechen und Türken seien lauter, aggressiver und schmutziger. Es gibt keinen merklichen Streit, überhaupt keinen ausgesprochenen Konflikt. Aber ein unausgesprochener hängt über unseren Köpfen.

Am Schluß bricht es aus einer Pfarrersfrau heraus: Irgendwann müsse allerdings auch mit der organisierten deutschen Zerknirschung Schluß sein. Sie sei vor dreißig Jahren der SPD beigetreten; weil ihre Evangelische Wählergemeinschaft damals zur Einsicht gelangt sei, daß man ohne die Unterstützung einer großen Partei keine Wirkung in dieser Gesellschaft habe. Sie habe sich der SPD angeschlossen. Aber wieso hätten die Alliierten immer noch Vorbehaltsrechte, so daß nicht einmal die Tiefffliegerei abgeschafft werden könne? Und wieso würde immer nur von den Verbrechen der anderen geredet? »Ich will keinen Nationalismus«, sagt sie, »aber diese ewigen Demütigungen müssen aufhören.«

Deutscher Streit II

Die Welt: »Herr Glotz, ist Franz Schönhuber für Sie ein gefährlicher Mann?«

Glotz: »Das ist ein Mann, der im Unterschied zu diesen dunkel-langweiligen Figuren der rechtsradikalen Szene unter Umständen in der Lage ist, eine erfolgreiche rechtspopulistische Partei aufzubauen. Und da ich nicht weiß, wer diese Partei später einmal als Hülse benützen könnte, könnte das in der Tat gefährlich werden. Da gibt es ja auch Figuren mit eindeutig rechtsradikalem Hintergrund, zum Beispiel Harald Neubauer, früher NPD-Mann.«

Die Welt: »Ist Schönhuber für Sie ein Rechtsradikaler?«

Glotz: »Ich halte ihn für einen Rechtspopulisten. Ich vergleiche ihn am ehesten mit Leuten wie Glistrup, Poujade, Le Pen, Haider. Ich halte überhaupt nichts davon, mit Begriffen wie Faschist, Nazi und ähnlichem um mich zu werfen, weil das das millionenfache Morden von Hitler und seinen Kumpanen verharmlosen könnte.«

Schönhuber: »Populismus an sich ist ja nichts Bedenkliches, es sei denn, dieser Populismus deckt Bereiche ab, die man als gefährlich bezeichnen könnte. Aber kein Parteivorsitzender ist gefeit gegenüber Äußerungen von Parteimitgliedern. Wir sind inzwischen eine Partei, die sich an die zwanzigtausend Mitglieder hinbewegt.«

Die Welt: »Zahlende Mitglieder?«

Schönhuber: »Zahlende Mitglieder.Wir haben also im Schnitt seit Berlin und seit der Europawahl pro Monat eine Aufnahmekapazität von zwei- bis zweieinhalbtausend neuen Mitgliedern, wobei etwa siebzig Menschen unter dreißig Jahre sind. Ich finde es nicht fair, wenn immer auf Neubauer abgehoben wird. Es ist ein Faktum, daß es ehemalige NPDler auch in der CDU, auch in der CSU gibt. Es ist auch falsch zu sagen, wenn einer bei uns ist, dann bleibt er ein Ewiggestriger, aber wenn er bei den sogenannten etablierten Parteien landet, dann ist er ein Geläuterter. Herr Neubauer war vor zehn Jahren oder 15 Jahren in der NPD ...«

Glotz: »Er war auch einmal bei Herrn Frey.«

Schönhuber: »Ja, und was soll ich jetzt nun tun? Soll ich einen Menschen, der glaubhaft versucht, aus dieser Ecke herauszukommen, zurückstoßen? Oder soll ich ihm die Chance geben, glaubhaft zu beweisen, daß er sich nun als Republikaner fühlt und nicht mehr als NPDler? ...«

Glotz: »Es könnte die Situation eintreten, daß Sie irgendwann aufhören, Bundesvorsitzender zu sein, und die Hülse trotzdem übrigbleibt, und zwar eben nicht in der altbekannten Bedeutungslosigkeit, die rechtsradikale Gruppen in der Vergangenheit in der Geschichte der Bundesrepublik (die NPD mal ausgenommen) hatten. Herr Schönhuber, Sie haben eben einen Versuch gemacht, den ich zurückweise. Sie haben im Grunde den Populismus, den es als Nebenerscheinung bei Politikern aller Parteien gibt, verharmlost. In der Tat ist es richtig, daß Hunderttausende Wähler, die die ›Republikaner‹ wählen, keineswegs rechtsradikal sind, sondern auf real bestehende Defizite in unserer Gesellschaft, wie die katastrophale Wohnungsversorgung für Leute mit kleinen Einkommen beispielsweise, reagieren. Diese Leute zu beschimpfen ist absurd und falsch. Aber das Problem des Populismus ist gerade, daß diesen Leuten durch die Politik der ›Republikaner‹ nicht geholfen wird. Wenn ich mir Ihre Wiedervereinigungsrhetorik ansehe, dann kann man daraus keine vernünftige Ostpolitik oder Außenpolitik machen. Wenn ich mir eines der zentralen Probleme, die Wohnungspolitik, ansehe, dann sehe ich kein greifbares und zukunftsträchtiges Programm, wie man Leuten mit kleinen Einkommen helfen könnte.«

Schönhuber: »Einspruch, Sie übersehen hier bei Ihrer ansonsten sehr klugen Argumentation eines: Wir haben ja schon allein durch unsere Existenz einiges bewirkt. Gäbe es die Republikaner nicht, so ungeliebt sie sein mögen, sowohl von der SPD wie auch von den anderen etablierten Parteien, so würden bestimmte Problembereiche heute noch so dahindümpeln.«

Glotz: »Aber in welchem Punkt denn? Es ist ja richtig, zwei klare Wirkungen haben Sie gehabt. Die parteipolitisch törichte Rede, die Theo Waigel zu den polnischen Westgrenzen auf dem Schlesiertreffen gehalten hat, hätte er ohne die Existenz der ›Republikaner‹ so nicht gehalten. Er wird nur den ›Republikanern‹ nutzen, er wird damit nicht der CSU nutzen, und er gefährdet unser Verhältnis zu Polen. Das haben Sie in der Tat bewirkt. Daß das für unsere Außenpolitik positiv sein könnte, glaube ich nicht. Ich nehme ein zweites Beispiel: Sie haben einerseits bewirkt, daß Zimmermann ausgewechselt wurde, ein besserer Innenminister, nämlich Schäuble, kam, der das Hochspielen des Asylbewerberthemas sehr schnell in den Griff bekommen und gemäßigt hat. Sie haben gleichzeitig das Negative bewirkt, daß jetzt auch Herr Schäuble auf Populismus macht. Sein Versuch mit dem Todesschuß ist nichts anderes als der Versuch eines Todesschusses auf die ›Republikaner‹. Das ist eine propagandistische Aktion, die die Union stärken soll. Solche Aktionen bewirken Sie, insofern sind Sie selbstverständlich wie andere Parteien, die aufkommen, nicht wirkungslos. Nur, daß das gut ist für das deutsche Volk, daß das Menschen hilft, das bezweifle ich.«

DER VOLKSTÜMLER

Wenn man sich dem Populisten nähert, muß man versuchen, kaltschnäuzig zu bleiben, sich in den Haß nicht hineinziehen zu lassen. Die Frage ist: Was macht die Wirkung? Wieso zieht der bunte Vogel, der Abenteurer, der Desperado, der Romantiker, der prahlerische, verführerische, unzuverlässige Macho (alles Bezeichnungen deutscher Journalisten für Franz Schönhuber) überall, wo er hinkommt, Tausende Leute an? Glühende Verehrer und Neugierige, Feinde und Sensationslüsterne – und alle als zahlende Gäste?

Am 5. April 1989 spricht Franz Schönhuber im fremden Land, außerhalb seiner bayerischen Heimat, in Bonn-Bad Godesberg. Der Witz, daß diese Stadt halb so groß sei wie der Zentralfriedhof in Chicago, aber doppelt so tot, ist ungerecht. Wilderer leben allerdings nicht in Godesberg. Schönhuber spricht vor anderthalbtausend Menschen, eine Stunde lang, und bekommt fünfundachtzigmal Beifall.

Der populistische Diskurs ist (noch?) schmal: gegen Störer, gegen die unfairen Medien, gegen zu viele Fremde im Land, für die Wiedervereinigung, für Deutschland, gegen diese Europäische Gemeinschaft, für *law and order,* gegen eine Verkürzung der deutschen Geschichte auf zwölf Jahre. Kein konzeptioneller Satz über Wirtschafts-, Steuer- oder Sozialpolitik, nichts zur Ökologie, auch das Wort Abtreibung kommt ihm nicht über die Lippen. Der Themenkatalog ist fast noch altrechts; die Verarbeitung dagegen durchaus populistisch. Der Volkstümler kämpft mit zwei Attitüden: Volk gegen Machtblock und ehrlich gegen verlogen. Da sagt einer, was andere nur denken oder fühlen. Da riskiert einer was. Da kennt einer die »Volksmoral« sehr genau.

Die »wir/die«-Struktur:

- »Meine Freunde wissen, daß die Arbeiter unsere Freunde sind.
- Die Parteienfinanzierung gehört abgeschafft.
- Die Etablierten sind pfründengeile Typen.
- Ich brauche die Presse nicht mehr, ich brauche den Beifall des deutschen Volkes.
- Sie haben nicht den Mut, mich einmal eine Stunde wirklich (im Fernsehen) diskutieren zu lassen.
- Man kann leicht für die multinationale Gesellschaft sein, wenn man irgendwo außerhalb der Stadt eine Villa hat und nicht in der Nähe eines Asylantenheimes wohnt.
- Es gibt eine merkwürdige Allianz der Gewerkschaft und deren Bonzen von co op und Neue Heimat mit Weihrauch und Kanzel.«

Am wirkungsvollsten ist diese »Anrufung« in einer Polemik gegen Norbert Blüm: »Und Sie sehen die ganze Infamie der etablierten Politiker, daß ein Herr Blüm, der sich immer als Arbeiter ausgibt, folgenden Satz sagt – den sollten Sie ihm jeden Tag um die Ohren hauen: ›Was macht es schon: fünfzehn Mark mehr oder weniger?‹ Da kann ich nur sagen: Herr Blüm, wenn Sie das sagen, sind Sie ein infamer Mensch! Gehen Sie einmal in den Bayerischen Wald; eine Witwe mit fünfhundert Mark im Monat, was das – fünfzehn Mark – für sie sind! Diese fünfzehn Mark sind für diese Frau das, was für Sie als einem Mann, der die Diäten permanent erhebt und anhebt, zehntausend Mark sind. Das ist die wahre Lage in der Republik Deutschland.« (Beifall)

Die Denkstruktur »wir/die« kann sowohl antikapitalistische wie antikirchliche Formen annehmen. Die EG sei »nichts anderes als ein Experimentierfeld für die Euro-Multis – die machen ihr Geld in dieser EG, aber nicht die einfachen Leute«. Wenn die Kirchen weiterhin volksfremde »Jungpfarrer« dulden und eine liberale Ausländerpolitik unterstützen, »wird eines Tages die Frage nach Sinn oder Unsinn der Kirchensteuer in Deutschland relevant werden«. Abgesehen von ein paar sofort disziplinierten Jungdemokraten hat eine solche Drohung in den letzten Jahren kein Politiker der Bundesrepublik mehr ausgesprochen. Der Desperado reitet sorgfältig aufgerichtete Zäune nieder.

Die »Anrufung« des Gerechtigkeitsgefühls ist gleichzeitig eine Aufkündigung der »Leisetreterei« der Staatsbesitzer, der Autoritäten. Er deckt auf, daß auch Sozialdemokraten bei der Waffen-SS waren: »Nur, bei denen sagt die deutsche Presse heute: Diese Leute haben keine NS-Vergangenheit. Nur ich, der ich nichts geworden bin, nur ein Unterscharführer war – ich habe eine. Aber diese Verlogenheit nimmt das deutsche Volk auch den Sozis nicht mehr ab.« Er zeigt auf junge Leute, die vor seinem Rednerpult sitzen: »Hier unten, die vielen jungen Menschen – und sie werden von Tag zu Tag jünger –, diese jungen Menschen sind an Auschwitz genauso unschuldig wie die Söhne jener amerikanischen Kriegsverbrecher, die Nagasaki und Hiroshima zu verantworten haben.«

In dieser Denkform kann er auch den Geschichtsrevisionismus des »Historikerstreits« in eine verständliche Fassung bringen: »Wie lange soll uns Hitler noch aus dem Grabe weiter regieren? Der Krieg ist über vierzig Jahre vorbei, diese Nation ist genau so unschuldig wie alle Nationen Europas« (Beifall und Bravorufe).

Franz Schönhuber täuscht nicht vor, als ob er die gleichen Gefühle habe wie sein Publikum; er hat die gleichen. Natürlich kennt er seine Überlegenheit und läßt sie die Leute auch spüren. Der Sohn eines Metzgermeisters aus Trostberg spricht mehr Sprachen als die ganze Bayerische Staatsregierung zusammen, flicht er irgendwo ein.

Aber aus ihm spricht die Alltagsphilosophie der Massen, sozusagen die Folklore der Philosophie.

Am deutlichsten sieht man das in seiner Autobiographie (»Ich war dabei«). Da spinnt er das Garn, das in Millionen deutscher Familien gesponnen worden ist und gesponnen wird, die Geschichte des einfachen Soldaten. Ein »Volksschriftsteller«; allerdings kein Remarque, sondern ein umgedrehter Hans Hellmut Kirst – wo der angeprangert hat, berichtet Schönhuber bloß. Er distanziert sich – intellektuell – von den Verbrechen des Nationalsozialismus. Aber das, was die Leute mitreißt, ist der elementare Singsang.

Die »Philosophie« ist im letzten Kapitel formuliert. Es heißt »Das Leben ist ein Würfelspiel«. Wo der Linke die Strukturen einer Welt ändern will, die Krieg, Massenmord und Massenelend produzieren, will der Konservative dem Bösen ohne Furcht in den Schlund schauen und operiert mit dem Begriff der Tragik. Das gibt es in elitärer Fassung, bei Arnold Gehlen oder Gottfried Benn, aber eben auch als Volksausgabe. Bei Schönhubers »Tragik« ist immer ein burlesker Ton dabei; er schreibt oft aus der Perspektive der Totengräber Shakespeares, die angesichts des Todes dreckige Witze reißen. Es ist das Nebeneinander von Staatsaktion und Tripper, Heldentod und Raffinesse, »wie im Leben« und vorgetragen mit Mundwerksburschen-Frivolität.

Aus der Philosophie »Das Leben ist ein Würfelspiel« folgt eine fatalistische, privatistische Ethik der Sekundärtugenden. Es kommt eben darauf an, ob man im Auf und Ab des Zufalls anständig bleibt oder nicht. Auch da ist Schönhuber nicht originell, auch da greift er in die große Kiste – aber er greift mit einer schreckenerregenden Unbedenklichkeit hinein. Der SS-General Eicke (»Papa Eicke, wie ihn seine Untergebenen nannten«) war zwar ein Oberbewacher des Konzentrationslagers in Dachau, in dem gefoltert und getötet wurde. Aber: »Er fiel, tapfer an der Spitze seiner Truppe kämpfend, bei Orelka in der Sowjetunion.« Landsknechtsmoral.

Noch schlimmer ist eine andere Formulierung: »Historische Gerechtigkeit gebietet übrigens zu sagen, daß der Aufstand nicht nur von Einheiten der Waffen-SS, sondern auch des Heeres und der Luftwaffe niedergeschlagen wurde.« Schönhuber spricht vom Warschauer Aufstand 1944. Die Deutschen hatten die Polen mit einem Angriffskrieg überzogen, jetzt stand die Rote Armee an der Weichsel, die »Heimatarmee« wagte den Kampf. Man geht von achtzigtausend getöteten Polen aus, unter ihnen auch Frauen und Kinder. Ob es da nicht hätte heißen sollen, daß die berühmte historische Gerechtigkeit zu sagen »gebiete«, daß an der Niederschlagung des Aufstandes nicht nur die Waffen-SS, sondern auch Einheiten des Heeres und der Luftwaffe beteiligt waren?

Franz Schönhuber fügt seinem Buch auch noch ein Bild bei: Der polnische General Bor-Komorowski, physisch und psychisch zerstört, gibt dem SS-General von dem Bach-Zelewski die Hand. Er kann ihn nicht anschauen. Bei Franz Schönhuber heißt es in der Bildlegende: »Sieger und Besiegte wechseln einen Händedruck.« Er kann sich von der Logik, die er gelernt hat, nicht lösen: Krieg ist Krieg, Aufstand ist Aufstand, Soldat ist Soldat, Gehorsam ist Gehorsam. Wie immer die Lage, man kann tapfer und man kann feige sein, auch der moderne Krieg ein Ritterspiel, am Schluß schütteln sich die Generäle die Hand. Das Schlimmste daran ist, daß Schönhuber mit dieser Moral immer noch tief in einem Teil unseres Volkes verwurzelt ist.

Der Populist ist niemand, der von außen kommt. Es ist nicht so, als ob man ihn nur zum Schweigen bringen müßte, und schon wäre alles gut. Das Problem ist, daß er einer von uns ist.

Deutscher Streit III

Die Welt: »Sie haben eine Einladung von Juden aus New York bekommen. Nehmen Sie die Einladung an?«

Schönhuber: »Ja, es ist ein Brief nach New York herausgegangen, daß ich dazu bereit bin, in der New Yorker Universität mit Professoren und Studenten zu debattieren.«

Die Welt: »Was sagen Sie in New York, wenn man Sie fragt: Herr Schönhuber, sind Sie eine Kopie dessen was wir in Deutschland schon einmal erlebt haben?«

Schönhuber: »Ich meine, von wenigen Ausnahmen abgesehen, werde ich im Ausland differenzierter gesehen.«

Glotz: »Wie werden Sie in New York argumentieren, wenn Ihnen zwei Sprüche vorgehalten werden? Einer von Ihnen selbst, der lautet: ›Der Zentralrat der Juden ist die fünfte Besatzungsmacht‹; einer von Ihrem Parteifunktionär Glasauer, der gesagt hat, vielleicht waren unsere Väter immerhin besser als die Hiroshima-Amis. Was werden Sie den amerikanischen Juden antworten?«

Schönhuber: »Der zweite Satz wird von dem Mann bestritten. Und außerdem ist er aller seiner Ämter enthoben. Wir haben ihn seiner Ämter enthoben, bis er den Nachweis erbringt, daß er es nicht gesagt hat. Und jetzt komme ich zu meiner Aussage, das ist eine halbe Aussage, und ich bin dankbar, daß ich das hier einmal korrigieren darf. Diese Aussage beginnt immer mit der These des Unrechtsstaates, der absoluten Verwerfung des Antisemitismus. Aber ich warne auch davor, daß man durch eine übersteigerte Form, ich sage jetzt zweimal das Wort ›übersteigert‹, oder ›anbiederische‹ Form des Philosemitismus unter Umständen Antisemitismus provozieren kann, und ich berufe mich auf eine Kronzeugin, nämlich auf meine geschiedene Frau, die das alles besser wissen muß als ich, weil sie als Person betroffen ist. Sie hat immer gesagt: Eines kann ich an den Deutschen nicht ertragen, daß aus achtzig Prozent Nazis unter Hitler neunzig Prozent Widerstandskämpfer nach dem Kriege geworden sind, daß jeder zweite Deutsche angeblich einen Juden gerettet hat.«

Glotz: »Der Ableitung würde ich ja zustimmen, aber was rechtfertigt den Satz, daß der Zentralrat der Juden die fünfte Besatzungsmacht ist? Er rechtfertigt ihn nicht.«

Schönhuber: »Das Wort ›Zentralrat‹ habe ich gebraucht im Zusammenhang mit Nachmann. Ich habe gesagt, diese Affäre – und es ist eine Affäre – muß geklärt werden. Vielleicht habe ich das härter formuliert, als ich es jetzt sage. Denn wenn man es nicht klärt, dann kommt es zu dem, was viele Deutsche zu Unrecht glauben, nämlich die sogenannte fünfte Besatzungsmacht, die viele Deutsche so sehen. Aber ich will ja nicht die fünfte Besatzungsmacht.«

Glotz: »Was hat die berechtigte Feststellung, daß, wenn ein Jude unter Umständen Unterschlagungen begangen hat, es genauso untersucht werden muß, wie wenn es ein Bayer oder ein Schleswig-Holsteiner tut, was hat das mit der fünften Besatzungsmacht zu tun? Nichts. Sic spielen auf dem Klavier von Gefühlen im rechten Rand unserer Gesellschaft.«

Schönhuber: »Ich habe mich gerade über diesen Satz mit vielen Juden unterhalten. Im Grunde genommen ist das permanente Zudecken und das permanente Verschweigen bestimmter Vorgänge viel schädlicher als das Offenlegen. Und im übrigen heißt ja die Fortsetzung dieses Satzes: ›Ich mag Herrn Galinski nicht mögen müssen.‹ Wissen Sie, was man uns hier permanent aufdrückt, ist eine Art von Rechtfertigungsmythos, der letztlich schädlich ist. Gehen wir davon aus, mit den besten Möglichkeiten, die wir haben, unser Verhältnis zu normalisieren, aber nicht permanent sozusagen ›Entschuldigung‹ zu sagen.«

SCHISMA

Machtwechsel, ziviler ausgedrückt: Regierungswechsel, von rechts nach links oder links nach rechts, sind in der Bundesrepublik extrem schwierig. Sie verlangen nicht nur jeweils einen »Verrat« der FDP, die sich nach Mende von einer Rechts zu einer Scharnierpartei gewandelt hat, sondern auch noch eine Veränderung des Parteiensystems: Kiesinger konnte durch Brandt verdrängt werden, weil die NPD der Union Stimmen abzog; Schmidt verlor die Kanzlerschaft an Kohl, weil die SPD die Entstehung der »Grünen« nicht verhindern konnte – und Kohl wird das Amt verlieren, weil ihn die »Republikaner« unter die Wasserlinie der vierzig Prozent drücken dürften. Ein politisches System, bei dem sich die Wähler jeweils eine neue Partei erfinden müssen, wenn sie eine neue Regierung wollen, ist schon arg stabil.

Der neue Block, der da 1982 an die Macht kam (Gramsci hätte gesagt: der »hegemoniale Block«; aber die Begrifflichkeit der Herrschaft wirkt in der ziemlich regungslos verharrenden Bundesrepublik fast ein wenig deplaziert), war von Anfang an eine prekäre Koalition. Unter dem Dach der Union lebten sozial-republikanisch/christlich-soziale nationalkonservative und wirtschaftsliberale Kräfte schlecht und recht zusammen. Das geistige Band einer interkonfessionellen christlichen Weltanschauung oder jedenfalls Lebensstimmung wurde schlaffer und schlaffer; die fortschreitende Säkularisierung der Gesellschaft ergriff naturgemäß auch Mitgliederschaft, Kader und Führung der Union.

Jetzt wurden, durch die Verbindung mit der FDP, die ihren sozialliberalen Flügel schwer dezimiert hatte, die wirtschaftsliberalen Kräfte noch gestärkt – also genau die, die sowohl für die sozial-republikanischen wie auch für die nationalkonservativen Strömungen eine Art »materialistischer« Herausforderung darstellten: Das Kutschieren dieses Dreispänners verlangte einen Meister auf dem Bock.

Unterhalb der großen und traditionsreichen geistigen Strömungen konnte man fünf Machtgruppen ziemlich deutlich unterscheiden; fünf oder sechs, je nachdem, wie man die bayerische CSU einordnet. Das waren: das bürgerliche Zentrum unter Kohl, das seine katholische Schlagseite auszubalancieren begann und aufgestiegene Lohnarbeiter anzog; der nationalkonservative Flügel, dessen Zentralfiguren in den siebziger Jahren Karl Carstens, Alfred Dregger und Franz Josef Strauß gewesen waren. Diese Truppe, die Hans Klein in einem sprachschöpferischen Moment den »Stahlhelm-Flügel« der CDU/CSU genannt hat, hatte – dritte Gruppe – erhebliche Unterstützung in Niedersachsen, Bremen, Nordhessen, im Saarland und in der Pfalz, vor allem aber in der bayerischen CSU. Da die CSU als große Volkspartei allerdings nicht leicht auf einen Nenner zu bringen ist (sie ist zwar in ihrer Mehrheit nationalkonservativ, aber eben gleichzeitig »sozial«), kann man sie auch als eigenständige, regionalistische (und zuweilen rechtspopulistische) Gruppierung von großer Durchschlagskraft zählen.

Es bleiben zwei der Zahl nach schwache, intellektuell aber einflußreiche Fraktionen übrig: die Reste der christlichen Arbeiterschaft der Sozialausschüsse um Geißler, Blüm und Fink und eine neue, modern-konservative Strömung, deren wichtigste Leitfigur Richard von Weizsäcker war und ist und zu der – trotz erheblicher konzeptioneller Unterschiede, zum Beispiel in der Industriepolitik – Lothar Späth und Kurt Biedenkopf, die Oberbürgermeister Rommel und (früher) Wallmann sowie (auf der vorsichtigeren Seite) auch Leute wie die Minister Riesenhuber und Töpfer gehören.

Diese beiden Fraktionen sind weiß Gott nicht identisch. Weizsäcker, Späth und Biedenkopf haben eine originäre Beziehung zum Unternehmerischen, zum modernen Handelsgeist und nichts vom »Herz-Jesu-Sozialismus« der Sozialausschüsse. Die Gruppen eint aber die Überzeugung, daß die Union eine »zweite Modernisierung« brauche, daß es also nicht genüge, daß Kohl die Honoratioren-Partei in eine moderne Massen- und Apparate-Partei hat umwandeln lassen, sondern daß sie jetzt auch noch einige der aus den sechziger Jahren mitgeschleppten Lebenslügen (zur deutschen Geschichte, zur deutschen Nation, zur Einwanderung) überwinden müsse. Dabei kooperieren sie mit einigen Vereinigungen, insbesondere den Unions-Frauen und der (allerdings gespaltenen, ziemlich hilflosen) Jungen Union.

Kohl hatte die siebziger Jahre mit einer Art Doppelstrategie durchgestanden. (Die Jusos hatten von Doppelstrategie geredet, Kohl hatte sie praktiziert.) Einerseits ließ er den Nationalkonservativen breiten Raum für ihre Agitation. Das mag nicht alles ganz freiwillig gewesen sein; schließlich mußte der erste »richtige« CDU-Vorsitzende nach Adenauer zuerst einmal Strauß ins Leere laufen lassen, was ihm nach sieben Jahren – 1980 bei der Kanzlerkandidatur des Bayern – schließlich gelang.

Keine leichte Situation für den *newcomer:* Dregger hatte in Hessen einen triumphalen Sieg bei der Landtagswahl 1974 errungen, Filbinger war ein starker Ministerpräsident in Baden-Württemberg, und die Bundestagsfraktion führte ein stockkonservativer, sich täglich zur Polemik zwingender Herr, Karl Carstens (der später übrigens trotz seiner prononcierten Ansichten ein respektabel fairer Bundespräsident wurde).

All diese Kräfte konnten sich unter Kohl frei entfalten und brachten die NPD schnell auf Null. Das war das Geheimnis von Kohls erstklassigem Bundestagswahlergebnis von 1976, wo er gegen den der Statur nach weit überlegenen Helmut Schmidt 48,6 Prozent der Stimmen gewann. Es war allerdings auch einer der Gründe für das Schisma der deutschen Rechten, das sich heute andeutet: Die Erwartungen (zum Beispiel in der Deutschlandpolitik), die damals geweckt wurden, konnten in der Regierung nicht erfüllt werden.

Andererseits förderte Helmut Kohl das, was man heute die »Modernisierer« in der Union nennt. Die Kritiker Helmut Kohls sollten nie vergessen, daß die meisten seiner Gegner von heute von ihm einst »gemacht« wurden. Das gilt ganz besonders für die zermürbte, besiegte Gegenfigur Kohls, den früheren Generalsekretär Heiner Geißler. Es gilt aber auch für Norbert Blüm und Richard von Weizsäcker, der heute zwar als Bundespräsident jenseits der innerparteilichen Machtkämpfe steht, im Bewußtsein vieler Menschen aber immer noch das Gegenbild zu Kohls zupackendem, aber sozusagen inhaltsleerem, ziellosem Machtbewußtsein darstellt.

Auf das von Weizsäcker intellektuell verantwortete Grundsatzprogramm der CDU von 1978 können sich die Modernisierer von heute allemal berufen. Dort steht sowohl, daß die Einigung der freien Völker Europas für die Union »Vorrang« habe, als auch, daß die »Grundwertebindung« die Union zur sozialen Integration und zur Erhaltung der kulturellen Eigenständigkeit der Einwanderer verpflichte. So sanft und allgemein die Grundsatzprogramme großer Integrationsparteien im allgemeinen zu sein haben: Kohl verließ mit dem Auftrag an Weizsäcker, ein solches Programm zu formulieren, die alte Strategie Adenauers, die Programmatik möglichst vage zu halten, um die auseinanderstrebenden Kräfte seiner »Union« je nach Situation geschickt zusammenhalten zu können.

Wahrscheinlich war auch dies kein ganz freier Entschluß; Adenauers Praxis, die Partei schlicht in der Person des Vorsitzenden zu integrieren, konnte Kohl nicht fortführen. Er ließ die einen, die Nationalkonservativen, gewähren und förderte die anderen, die Modernisierer. So blieb er der stärkste Mann, produzierte aber gleichzeitig die Widersprüche, die heute seinen »Block« auseinandertreiben.

Deutscher Streit IV

Die Welt: »Wie wird von Ihnen, Herr Glotz, Herr Schönhuber, die Rede des Bundespräsidenten vom 8. Mai bewertet?«

Glotz: »Für mich ist die Sache ganz eindeutig. Die Union hat ja nach 1982 einen großen Schritt gemacht. Ich habe mich mein ganzes Leben in der Bundesrepublik Deutschland letztlich in einer Minderheit gefühlt. Aber durch die Anerkenntnis der Ostverträge und auch durch die Art, wie Herr von Weizsäcker die deutsche Vergangenheit behandelt hat, hat er einen Teil der Union herübergezogen, und heute verläuft die Linie zwischen der Mehrheit der Deutschen auf der einen Seite, und auf der anderen Seite steht der nationalkonservative Teil der CDU, steht ein Teil der CSU, stehen die ›Republikaner‹ und die Rechtsradikalen, die es dann noch zusätzlich gibt. Und dies ist ein neuer Frontverlauf, und deswegen hassen ja doch und bekämpfen so viele Leute aus dem Lager von Herrn Schönhuber und von noch weiter rechts, aber auch im rechten, nationalkonservativen Flügel der Union Richard von Weizsäcker. Weil der einer von denjenigen ist, die diese Mehrheitsverteilung verändert haben.
Daß es die Partei der ›Republikaner‹ gibt und daß

Sie einen solchen Erfolg haben, das ist zurückzuführen auf diesen deutlichen Schritt, den ein Teil der Union in die Mitte gemacht hat. Und den auch Geißler mit seinem Modernisierungsversuch der Union gemacht hat. Insofern halte ich das für eine historische Tat, nicht nur die eine Rede, sondern alles das, was in der Biographie Richard von Weizsäckers steht. Er hat eine sehr viel größere Bedeutung für die Union, historisch gesehen, als Helmut Kohl. Und deswegen kann ich verstehen, auf der anderen Seite, daß die politische Rechte Weizsäcker sozusagen viel mehr haßt oder viel mehr angreift als irgendeinen Sozi.«

Schönhuber: »Ich hasse Herrn von Weizsäcker nicht. Ich halte ihn in der Tat für die stärkste intellektuelle Potenz, leider auf der Seite der CDU, ganz ohne Frage. Diese Rede vom 8. Mai ist leider eine brillante Rede, aber sie hat einen für mich verhängnisvollen Satz, der schwer auf uns lasten wird: Die Deutschen mußten wissen, wohin die Züge nach dem Osten fahren.«

Die Welt: »Herr Schönhuber, wir sollten den Bundespräsidenten korrekt zitieren. Er sagte wörtlich: ›Wer seine Ohren und Augen aufmachte, wer sich informieren wollte, dem konnte nicht entgehen, daß Deportationszüge rollten. Die Phantasie der Menschen mochte für Art und Ausmaß der Vernichtung nicht ausreichen.‹ Und der Bundespräsident sprach dann aber vom Versuch vieler, nicht zur Kenntnis zu nehmen.«

Schönhuber: »Ich widerspreche. Die Deutschen wußten in der Mehrheit nicht, was mit den Zügen geschah, die nach Osten gefahren sind. Ich füge hinzu, es ist aber wahrscheinlich, daß Herr von Weizsäcker wissen mußte, wohin die Züge fahren.«

Die Welt: »Der Bundespräsident hat nicht gesagt, ob eine Mehrheit oder eine Minderheit von den tatsächlichen Zielen der Züge wissen mußte, wissen konnte. Sie meinen, Richard von Weizsäcker hat es möglicherweise von seinem Vater, dem damaligen Staatssekretär im Reichsaußenministerium, erfahren?«

Schönhuber: »Ja, er konnte es als Sohn erfahren haben. Aber das würde ich ihm wirklich nicht anlasten wollen. Was mich betrifft, ich habe erst in der Gefangenschaft von Vergasungen gehört. Das schwöre ich bei meinem Leben.«

Glotz: »Ich widerspreche mit Nachdruck der These, achtundneunzig Prozent des deutschen Volkes haben nichts gewußt, zwei Prozent waren Verbrecher. Sondern es gab große Grauzonen. Natürlich gab es Menschen, die nichts gewußt haben.Es gab auf der anderen Seite viele Menschen, die nichts wissen wollten, und es gab natürlich eine Fülle von Gerüchten im ganzen Reich. Insofern glaube ich, daß es notwendig war, daß dieses ›Modell‹ von den guten, von einer kleinen Schar fanatischer Nazis mißbrauchten Deutschen durch den Bundespräsidenten zerstört worden ist.«

Die Welt: »Ich möchte noch einen Satz aus dieser Rede vom 8. Mai aufgreifen, und zwar die Mahnung des Bundespräsidenten, das Versöhnungsangebot – das hat ja auch aktuellen Bezug – über das Beharren auf Rechtsstandpunkte zu stellen.«

Glotz: »Ich halte diesen Satz absolut für richtig.«

Schönhuber: »Ich glaube, zu diesem Satz muß man mehr sagen. Wo hört eigentlich die Möglichkeit, Recht einzusetzen, auf? Heute ist es Versöhnung, morgen können es andere Motive sein. Ich halte das

Recht eigentlich für den Ausgangspunkt des menschlichen Handelns. Das erste, was Hitler getan hat, war, daß er das Recht gebrochen hat. Außerdem kann Versöhnung ja auch nicht nur eine Einbahnstraße sein. Wenn jetzt über eine Bundestagsreise zum 1. September nach Polen diskutiert wird, dann schlage ich vor, diese Reise zu koppeln mit einem Besuch von Bromberg, weil auch dort tiefe menschliche Gefühle verletzt worden sind. Der Bromberger Blutsonntag, die barbarische Hinmordung von Deutschen, ist auch eine Realität. Dann würde auch das Gefühl der Versöhnung eine größere historische Berechtigung haben. Und über die deutsche Frage wird in einem Friedensvertrag entschieden.«

Glotz: »Ich empfehle weniger symbolische Politik und mehr Realpolitik in einem sehr klassischen Sinn. Wir müssen uns fragen, wie kann das Europa der Zukunft aussehen, was hält es aus, welchen Sog üben der Binnenmarkt und die Europäische Gemeinschaft aus? Wie kann man in einem Horizont von fünfundzwanzig Jahren die sechs ostmitteleuropäischen Staaten aus der sowjetischen Hegemonie lösen, ohne damit die Sowjetunion zu gefährden und ohne den Frieden zu gefährden? Das sind die konkreten Fragen.
Wenn ich diese konkreten Fragen beantworte, dann wird die Wiedervereinigung Deutschlands auf dieser politischen Tagesordnung nicht stehen. Und da bin ich dafür, eine konkrete, reelle und reale Politik zu machen. Und nicht symbolische Politik, die seit Bitburg in Deutschland immer populärer wird, seit Reagan, weil die Amerikaner die symbolische Politik erfunden haben und auch viel perfekter handhaben, als es die Deutschen offensichtlich jemals können. Deshalb bin ich auch für Realpolitik mit Polen.«

Schönhuber: »Ich verstehe Realpolitik anders als Sie. Ich meine einfach, die ganze Welt ist jetzt im Umbruch, mehr oder minder. Ich gehe von meiner alten These aus, immer mehr wird die Sowjetunion zu Rußland.«

Glotz: »Das heißt aber auch, daß Sie das Auseinanderfallen der Sowjetunion einkalkulieren.«

Schönhuber: »So kann ich es nicht sehen. Bismarck hat gesagt, Deutschland kann nicht in Frieden leben, wenn es keine guten Beziehungen zu Rußland hat. Das Rußland von damals war nicht identisch mit der Sowjetunion von heute.«

Glotz: »Sie wissen, daß der ganze Westen genau vor dem die größte Angst hat, vor dem, was Sie jetzt artikuliert haben.«

Schönhuber: »Napoleon hat einmal gesagt, Geographie ist Schicksal, da hat er recht. Wir leben nun einmal nicht in Massachusetts, sondern wir leben hier an der Grenze, der nächste Anrainer ist nicht Amerika, sondern das ist die Sowjetunion. Wenn es sich herausstellen sollte, daß sich Rußland oder die Sowjetunion demokratisiert, dann ist die weltanschauliche Barriere weg, und man kann zu einem vernünftigen, wie Sie immer sagen, realpolitischen Denken kommen. Und das wäre doch kein Abkoppeln von Amerika.«

Glotz: »Also, einem Satz von Herrn Schönhuber stimme ich zu, und das ist der Satz, die Welt ist im Umbruch. Nur, in einer Welt im Umbruch ist eben eine Stimmungspartei wie die ›Republikaner‹ gefährlich. Das ist so ein bißchen deutschnationaler Reichskonservativismus, und es ist ein bißchen Nationalneutralismus, wenn auch sehr vorsichtig hier vorgetragen. Dazu kommt noch eine Prise Ökopax, ein kleiner Rest christlicher Fundamentalismus beim Thema Abtreibung dazu, und mit dieser Mischung kann man ganz offensichtlich ein Potential von fünfzehn Prozent Bürgern in der Bundesrepublik ansprechen. Daß dies allerdings zu einer vernünftigen Politik in der Bundesrepublik beiträgt, daran habe ich die größten Zweifel ...«

Die Integrationsfigur

Kohl sprach in den siebziger Jahren oft von geistig-politischer Führung und der geistig-moralischen Wende, die notwendig sei. Damit griff er einige der Motive auf, die die neokonservative Kultur- und Sozialstaatskritik (»Tendenzwende«) als Antwort auf den französischen Mai 1968, die Studentenrevolte und den sozialliberalen »Aufbruch« auf den Markt gebracht hatte. Aber Helmut Kohl verstand diese Formeln eher als Routineattacke auf das Pathos der Nüchternheit, das Helmut Schmidt in der selbstgewählten Rolle eines leitenden Angestellten der Aktiengesellschaft Bundesrepublik um sich verbreitete.
Von der dunklen Faszination, die von den Ideen der großen konservativen Vordenker Carl Schmitt, Hans Freyer und Arnold Gehlen ausging, ließ Kohl sich nie berühren. Der intellektuelle Traditionszusammenhang, der sich bei einigen Produkten dieser Zeit (zum Beispiel bei den Thesen des Kongresses »Mut zur Erziehung« 1978) bis zur Konservativen Revolution der Weimarer Republik zurückverfolgen ließ, interessierte ihn nicht. Er war die Integrationsfigur des CDU-Apparats, der Mann des alten Mittelstandes, des kleinen und mittleren Familienkapitals, der sorgfältig (und immer noch ein wenig patriarchalisch) darauf sah, daß auch die Bauern, die

katholischen Arbeiter und die freien Berufe bei der Politik seiner Partei nicht zu kurz kamen. Seine Philosophie war *middle of the road,* wohin die *road* am fernen Horizont auch führen mochte, und seine Standardantwort auf allzu intellektuelle Zumutungen lautete und lautet: Das ist zwar sehr klug, aber nicht gescheit.

So entwickelte Helmut Kohl die innere Kraft, Debatten, die er für lästig und überflüssig hielt, durch Machtworte zu beenden, die ein nahezu inhaltloses Bellen sein konnten. Aber sie waren und sind wirksam. Der auf die Menschen nachbarlich-unambitioniert, zivil, ja gelegentlich sogar harmlos wirkende Mann kann hart, ausdauernd und erbarmungslos sein. Er hat, wie ihm auch seine schärfsten Gegner – etwa Rüdiger Altmann – bescheinigen, Mut; wenn er sich angegriffen fühle, senke er die Hörner und greife an.

Der letzte Doppelgänger der deutschen Politik

Am Ende war so eine Art Schauder um ihn. Da ist eine Kraftnatur zum alternden Austragsbauern geworden, manchmal noch brillant, häufig unberechenbar, meistens fahrig. Wenn einer zu Lebzeiten zum Mythos seiner selbst wird, traut man sich an ihn nicht heran; das war bei Wehner nicht anders, als es bei Strauß war. Seit dem Tod seiner Frau fiel einem bei Strauß immer ein Vers des von Hitler in die Emigration getriebenen österreichischen Dichters Theodor Kramer ein: »Ein Glas noch, vom Fluß kommts schon kalt.«

Strauß ist in vielen Sätteln geritten; in einigen machte er gute Figur, in anderen saß er mürrisch und krumm. Er war ein tüchtiger Verteidigungsminister, einer der ersten, der sich auf die politisch-psychologische, für den Außenseiter zunächst bizarr erscheinende Logik der politischen Abschreckungsstrategie verstand. Er war ein noch besse-

rer, und zwar neokeynesianischer Finanzminister; dagegen ein schlechter Ministerpräsident, einer, der den Landtag nicht ernst nahm, seine Kompetenzen zu gering fand und allzu viele seiner Mitspieler verachtete. Hier war einer, der das Zeug zum Kanzler gehabt hätte, an sich selbst und am Auf und Ab der Geschichte gescheitert. Er war zu stolz, diese Enttäuschung zu verstecken, und benutzte ein hohes, aber regionales Amt als Trampolin für Sprünge in die Weltpolitik.

Strauß war vor allem ein Außenpolitiker von Graden; ein (gaullistischer) Europäer von echter Überzeugung. Nur fehlten ihm seit 1969 die Instrumente, um wirklich internationale Politik machen zu können. Die gelegentlichen Ausbrüche gegen den glücklicheren Genscher mögen hier ihren Ursprung haben.

Der bedeutendste Beitrag des Franz Josef Strauß zur zweiten Republik aber liegt ohne Zweifel in seinem altbayerisch-katholischen Konservativismus, mit dem er den Einfluß der autoritären, lutheranisch-protestantischen nationalen Rechten begrenzte. Strauß war ein gläubiger Sünder; aber ein leidenschaftlicher Antiklerikaler. Vor allem aber war er eine Doppelnatur, der letzte Doppelgänger der deutschen Politik: Dr. Jekyll und Hyde in einer Person.

Strauß konnte sowohl populistisch-plebejisch als auch als Anwalt der Oberen auftreten, war immer der Schmied von Kochel und Peter von Siemens in einer Person. Er kannte sowohl die Nöte wie auch die Vorurteile der kleinen Leute und pflegte sie, als populistischer und sozialer Volkstribun. Und gleichzeitig wußte er ganz genau, wo es notwendig war, die Interessen der großen Familien und der strategischen Konzerne zu wahren, um trocken durch schlechtes Wetter zu kommen.

Strauß hat, was ihm die Parvenus nie verzeihen konnten, seine Herkunft aus einer Metzgerfamilie in der

Münchner Schellingstraße nie verleugnet; aber auch nicht die Kompromißfähigkeit und Wendigkeit des mühevoll Aufgestiegenen. So verband er Traditionalismus und Modernität auf eine nahezu unnachahmliche Weise. Das Verdienst, daß Bayern aus einem Agrarland zu einem High-tech-Land geworden ist, kommt ohne Zweifel zu einem erheblichen Teil ihm zu. Lange Zeit haben die Bauern auch seinetwegen immer noch CSU gewählt. Er mußte es allerdings noch erleben, daß sie anfingen, ihm davonzulaufen.

So ist es auch ein Mißverständnis, wenn viele meinen, Strauß hätte den Populismus von Schönhuber aufhalten können. Bösartig könnte man sagen: Er hat dem Schönhuber sogar das Entree in die Politik verschafft: durch den Milliardenkredit, der die beiden Abgeordneten Handlos und Voigt abspaltete, die dann mit Schönhuber die »Republikaner« gründeten. Strauß hat mit verzweifeltem Rechtspopulismus den Rechtspopulisten Schönhuber bekämpft; aber der bekam (bei der Landtagswahl 1986) trotzdem drei Prozent.

Am besten hat die Doppelnatur von Strauß sein altbayerischer Landsmann Carl Amery geschildert: »Franz Josef Strauß: das sorgenvolle Gesicht eines mittelständischen Brauers, der weiß, daß er an Löwenbräu oder Spaten verkaufen muß, aber auf die Roten schimpft; die knabenhafte Vorliebe für Gymnasiastenlatein; die trotz aller Kraftsprüche wohlgerundeten Satzperioden; ja, auch die bajuwarischen Kraftsprüche selber: All dies weist Franz Josef Strauß als politisch Aufgeregten und Aufreger alten Stils aus.«

Er hatte etwas von den Brüdern Gandorfer, die in der Revolution nach dem Ersten Weltkrieg einen linken Bauernbund begründet haben. Aber sein Realitätssinn trieb ihn gleichzeitig auf die Seite jenes bayerischen Bürgertums, das den Gandorfers den Garaus gemacht hat, und zwar mit kalter Brutalität. Diese Spannweite wird keiner seiner Nachfolger erreichen.

Und da war noch sein persönliches Regiment. Der Mann hatte Charme; dachte groß, konnte großzügig sein und hielt doch »sein Sach zusammen«. Von den vielen Affären, in die er verwickelt wurde, mögen manche raffinierte Erfindungen seiner Gegner gewesen sein; alle nicht. Franz Josef Strauß hat die kleinmünchnerische Halbwelt und die Schickimicki-Zelte des Oktoberfestes leider nicht gemieden; sein Umgang mit Hendl-Fabrikanten und den Repräsentanten von Champagner und Limousinen war ungezwungener als der mit gebildeten Außenseitern, zum Beispiel seinem langjährigen Kultusminister Hans Maier.

Franz Schönhuber zitiert gegen Strauß einen Satz, den der »laut Spiegel vom 16. März 1970 in Bad Reichenhall« gesagt haben soll: »Man muß sich der nationalen Kräfte bedienen, auch wenn sie noch so reaktionär sind. So hat es auch de Gaulle gemacht. Hinterher ist es immer möglich, sie elegant abzuservieren. Denn mit Hilfstruppen darf man nicht zimperlich sein.«

Ich weiß nicht, ob er das wirklich gesagt hat. Ausgeschlossen ist es nicht; er neigte im kleinen Kreis zu großer Offenheit, schon um den Zuhörern seinen Realismus vorzuführen. Er war ein bedenkenloser Anheizer. Aber wenn es brannte, war er vorsichtig und ging auf Nummer Sicher. Er hat nie lange mit dem Feuer gespielt.

Der strategische Konflikt der Union

1982, Strauß war geschlagen, brach der liberal-wohlfahrtsstaatliche Block auseinander. Man scheut sich zu sagen, daß er an einer »ökonomischen Krise« gescheitert sei. Sicher, es gab einen beschleunigten Strukturwandel (vor allem technologisch bedingte Rationalisierung durch die Basistechnologie Mikroelektronik), einen sich verschärfenden Wettbewerb auf den Weltmärkten und dadurch die Unterauslastung vieler Kapazitäten; auch wurde durch eine strukturelle Erhöhung des amerikanischen Zinsniveaus (seit 1979) allerhand Geld von Europa in die Vereinigten Staaten gezogen. Die Folge war eine Erhöhung der Arbeitslosigkeit, wie sie die Bundesrepublik in den letzten Jahrzehnten nicht gekannt hatte; die zerrte an den Nerven der Gewerkschaften und der SPD.

Die Probleme wären, wie das schwedische Beispiel zeigt, keineswegs unlösbar gewesen. Aber die sozialliberale Koalition war ausgeschrieben. Die FDP verweigerte eine neue, großangelegte Arbeitsmarktpolitik, und die SPD lehnte die Kürzung der Staatsausgaben ab, mit denen eine solche Arbeitsmarktpolitik hätte finanziert werden können. In Wahrheit zerbrach das linksliberale Bündnis, das immerhin dreizehn Jahre gehalten hatte, aber nicht an sogenannten »Sachfragen«, sondern am Hegemonieverlust der SPD. Die Führung der Freien Demokraten konnte sich an den Fingern einer Hand ausrechnen, daß sie zusammen mit den Sozialdemokraten nach dem Aufkommen der »Grünen« keine parlamentarische Mehrheit mehr erreichen würde. Dazu kam, daß die Protagonisten sich aneinander wundgerieben hatten und daß sich mit den glanzvollen Wahlsiegen von Ronald Reagan und Margaret Thatcher eine weltweite Renaissance der Rechten anzubahnen schien. Da setzte die FDP zum Sprung an. Bevor sie allerdings springen konnte, warf Schmidt sie über Bord.

Die CDU/CSU wurde durch diese überraschend schnelle Bewegung des Bundeskanzlers Helmut Schmidt kalt erwischt. Man hatte sich auf eine große Schlacht um die Bundestagswahl 1984 eingestellt. Ob Helmut Kohl, der Kandidat von 1976, erneut zum Spitzenmann der Union gewählt worden wäre, war völlig offen. Strauß war als Alternative ausgeschaltet; aber er war nach wie vor der unumstrittene Vorsitzende der CSU, ohne die ein gemeinsamer Kanzlerkandidat nicht bestimmt werden kann. Es gab eine Alternative zu Helmut Kohl: den Regierenden Bürgermeister von Berlin, Richard von Weizsäcker.

Die blitzartige Kehre, die Schmidt erzwang, machte Helmut Kohl, den Oppositionsführer, zum Kanzler. Er hatte schließlich und endlich sein Ziel erreicht. Aber hatte er auch ein Konzept für das, was der große Taktiker Genscher halb absichtsvoll, halb zufällig die »Wende« genannt hatte?

Kohl und Genscher ist oft unterstellt worden, sie wären lange handelseinig gewesen. Wahrscheinlich waren diese Unterstellungen falsch. Jedenfalls hatten sie keine Pläne in der Schublade. Kohl übernahm Hals über Kopf eine Regierungsstruktur, die von Bundeskanzler Brandt und aus dem Jahr 1969 stammte. Er verfügte auf ökonomischem Feld über eine mittelmäßige (Stoltenberg), in der Außenpolitik über gar keine Figur und überließ so die beiden Zentralgebiete der Politik dem kleineren Koalitionspartner. Das waren schwierige Startbedingungen für eine schwierige Expedition.

Im übrigen lud man ihm gleich zu Beginn noch weiteres schweres Gepäck auf den Wagen. Anfang der achtziger Jahre hatte sich der Ton der ökonomischen Auseinandersetzung in vielen kapitalistischen Ländern verschärft. England war in einer desolaten, die Vereinigten Staaten in einer komplizierten Lage. Ein neuer Marktradikalismus drang aus diesen beiden Ländern auf den europäischen Kontinent. Die Rezeptur lautete: Schrumpfung des Sozialstaats, Deregulierung und Privatisierung, einseitige Angebotsorientierung der Wirtschaftspolitik, Steuerung der Volkswirtschaft über die Geldmenge.

Auch in der Bundesrepublik formierte sich unter den

Wirtschaftsliberalen eine Kampfgruppe (mit besonderem Rückhalt in der Energiewirtschaft, der Großchemie, bei großen Handelsketten, führenden Banken, Versicherungen und der Mehrheit des Zentralbankrats), die diese Ideen propagierte. Das Lambsdorff-Papier vom September 1982, über dem die sozialliberale Koalition zerplatzte, ein ähnliches Manifest des früheren niedersächsischen Ministerpräsidenten Ernst Albrecht vom September 1983, eine wilde Attacke des (inzwischen verstorbenen) CDU-Sozialpolitikers Haimo George auf den Sozialstaat aus derselben Zeit und Hunderte von flankierenden Artikeln in den Wirtschaftsteilen vieler deutscher Zeitungen heizten der neuen Regierung ein.

Kohl blieb eher skeptisch, zögerlich, vorsichtig. Die großen Lösungen widerstrebten seinem Instinkt für Mehrheiten, seinen altmittelständischen Emotionen. Aber auch er mußte dem sich verstärkenden Einfluß des Ökonomischen im konservativen Lager, den Karl Mannheim schon in den zwanziger Jahren festgestellt hat, Tribut zollen. Zwar hatte auch Helmut Kohl, wie viele andere Konservative, hin und wieder trotzig erklärt, man müsse dem Zeitgeist widerstehen. Damit war aber wohl eher der linke gemeint; und kein Zeitgeist mit derart hochkarätiger Unterfütterung. So geriet seine Regierung in die Zange.

Viele kleine Selbständige, Handwerker und mittlere Unternehmer interpretierten die Ankündigungen der neuen Regierung zu ihren Gunsten und erhofften einen ziemlich radikalen Abbau des Sozialstaats. Sie sind heute bitter enttäuscht. Die Modernisierungsverlierer dagegen, Arbeitslose und ihre Familien, Kleinrentnerinnen und Kleinrentner und die Menschen, die man unter dem herzlosen Begriff der »Randbelegschaften« zusammenfaßt: Leute mit zeitlich begrenzten Jobs, sogenannte »neue Selbständige« oder taxifahrende Akademiker geraten in eine schwer zu beurteilende Mischung von Resignation und Wut. Die Regierung Kohl hat sich von dem Brutalismus zurückgehalten, mit dem Margaret Thatcher die englische Gesellschaft gespalten hat. Aber auf dem Weg in die Zwei-Drittel-Gesellschaft ist die Bundesrepublik Deutschland auch. Und Zwei-Drittel-Gesellschaften sind ein idealer Nährboden für den Populismus, in Deutschland allemal eher für den Populismus von rechts als für den von links.

Wer die tiefen Konflikte verstehen will, die heute die deutsche Rechte erschüttern, der muß sich immer wieder die *langfristigen* Trends vergegenwärtigen. Der Anteil der Staatsausgaben am Bruttoinlandsprodukt ist zwischen 1960 und 1981 von 26,3 Prozent auf 45,6 Prozent gestiegen; allerdings nicht nur in der Bundesrepublik, sondern in der ganzen OECD. Die Menschen müssen viel weniger arbeiten als früher: In der Bundesrepublik stehen wir jetzt zwischen eintausendfünfhundert und eintausendsechshundert Stunden im Jahr; Anfang 1950 standen wir noch bei zweitausendzweihundert.

Gleichzeitig müssen wir die Auflösung einer religiös durchformten Lebenswelt konstatieren. Die Familie als »Urzelle« der Gesellschaft verändert sich radikal. Die Zahl der Einzelkinder war noch nie so groß wie heute; es gibt längst Hunderttausende »Einzelenkel«, Menschen also, die das stützende Milieu großer Familien mit vertrauten »Verwandten« verschiedener Generationen nie kennengelernt haben. Diese Entwicklungen, für die man noch Hunderte andere Belege beibringen könnte, haben eine geradezu bodenlose Angst ausgelöst. Es ist die Angst vor der »Sinnkrise«, die Angst vor der Zerstörung der Institutionen. Diese Angst grassiert keineswegs nur in der rechten Hälfte der Gesellschaft; aber sie ist dort gleichzeitig verbreiteter und panischer.

Der »Neokonservativismus« in all seinen Varianten –

als Marktradikalismus, als kultureller Elitismus, als Sozialstaatskritik – war der Versuch, diesen beängstigenden Prozeß, der als Sittenverfall, Kontaktverlust hinsichtlich der Geschichte, als Staatswurstigkeit und Institutionsauflösung verstanden wurde, aufzuhalten. Das Ziel war eine massive Aufwertung traditioneller Strukturen wie Familie, Heimat und Nation. Genau an diesem Ziel (und nicht am Bruttosozialprodukt, der Zahl der Sonnentage im Jahr und der Freundlichkeit oder Unfreundlichkeit des Staatsbesuchers Michail Gorbatschow) messen viele Menschen in den westlichen Staaten die konservativen Regierungen der letzten Jahre.

Natürlich nicht alle. Es gibt immer noch genügend Wähler, die zufrieden sind, wenn der Laden »läuft«, wenn die Konjunktur »flutscht« und man selber nicht belästigt wird. Vielleicht sind das ja die Realistischeren, die Vernünftigeren, die, an die man sich halten sollte. Das Problem ist nur: Die Zahl der Abweichler, der Sehnsüchtigen, der Wertkonservativen, der Angstgepeinigten wird immer größer. Die Linke hat ihre »Grünen«, samt den grünlichen Sozialdemokraten, und die Rechte bekommt jetzt das gleiche Problem.

Man kann darauf antworten, wie der CDU/CSU-Apparat es jetzt vorschlägt: Wir, die Vernünftigen, bekämpfen tapfer den Radikalismus von rechts und von links. Aber weit wird man damit nicht kommen. Die Beschimpfung von ein paar Millionen Bürgern, die nicht recht vorwärts und zurück wissen, führt, solange man bei demokratischen Spielregeln bleibt, nicht zur Befriedung der Gesellschaft.

Man sollte Helmut Kohl nicht vorwerfen, daß er nicht so radikal war wie Margaret Thatcher. Jedenfalls sollte die Linke das nicht tun; sie glaubt ja nicht an die entfesselte Energie und Kreativität der menschlichen Monade, der Leistungsmaschine in der schützenden Nußschale der

Kleinfamilie. Trotzdem wird man registrieren müssen: Mit seinem *Muddle-through*-Pragmatismus ist der gemäßigte und in den Grenzen von Herkommen und Stellung auch einigermaßen soziale Kanzler Helmut Kohl gescheitert. Er ist dabei, die gemäßigte Rechte der Bundesrepublik Deutschland, deren durchsetzungsfähigste Figur er seit anderthalb Jahrzehnten ist, zu spalten – mit ziemlich unübersehbaren Konsequenzen für den Staat, zu deren herausragenden Repräsentanten er kraft Amtes nun einmal gehört.

Unter der Führung Helmut Kohls ist das labile Gleichgewicht der Denkschulen der CDU/CSU durcheinandergeraten. Zwei Konfliktlinien zeichnen sich ab: die der Wirtschaftsliberalen gegen den christlichen Personalismus und die der Nationalkonservativen gegen die Mehrheit derer, die sich in der Tradition Konrad Adenauers mit der Republik, so wie sie ist, *de facto* abgefunden haben.

Der Wirtschaftsliberalismus, genauer gesagt: bestimmte Formen der kapitalistischen Modernisierung, wie sie insbesondere im Zuge der Europäisierung und Internationalisierung des Geld- und Warenverkehrs abläuft, untergräbt natürlich auch traditionelle Werte und soziale Milieus. Ein Teil des Handwerks, die Mehrheit der Bauern und auch bestimmte Sektoren des Handels geraten unter kräftigen Druck, und »konservative« Lebenswelten, in denen seit dem Zweiten Weltkrieg mehr oder weniger selbstverständlich Union gewählt wurde, lösen sich auf. Das ist ein Prozeß, den weder Helmut Kohl noch irgendein anderer Führer der politischen Rechten wirklich hätte aufhalten können. Kohls gleichgültiger Allerweltsrealismus und seine Neigung zu einfach konstruierten Kompromissen mit dem Koalitionspartner haben diese Erosion des Mutterbodens allerdings beschleunigt.

Beispiele sind die Agrar-, die Familien- und die Medienpolitik. Die Regierung hat sich (wie übrigens schon ihre sozialliberale Vorgängerin) kein Konzept für die Rolle der bäuerlichen Landwirtschaft in einem zukünftigen Europa zugetraut. Da erzwang ein einziges konvulsivisches Aufbäumen von Franz Josef Strauß zwar plötzlich einmal irgendwann im Vorfeld einer Wahl ein paar Milliarden; ansonsten ging eine technokratische, die ökologische Herausforderung immer noch nicht annehmende Beschwichtigungspolitik weiter.

Familienpolitik: Wer heute (ohne Vermögen) drei oder vier Kinder in die Welt setzt, zerstört mutwillig seinen Lebensstandard. Das hätte nur durch eine »radikale« Politik verändert werden können, zum Beispiel indem man nicht mehr das Heiraten, sondern nur noch das In-die-Welt-Setzen von Kindern steuerlich begünstigt hätte. Von wem, wenn nicht von einer konservativ geführten Regierung hätte man eine solche Maßnahme erwarten können? Aber selbst sanftere Forderungen Heiner Geißlers wurden von der wirtschaftsliberalen Presse bereits als »Populismus« gebrandmarkt – der Kanzler muß das geglaubt haben.

Medienpolitik: Für das katholische Milieu der kleinen und mittleren Städte sind einige der Nebenfolgen der Privatisierung und Kommerzialisierung des Fernsehens eine Provokation. Man konnte nicht erkennen, daß die Union versucht hätte, diese zu mildern. Repräsentanten dieses Milieus wie Hans Maier oder Werner Remmers verschwanden ziemlich spurlos aus der Kultur- und Medienpolitik.

Bedrohlicher für den regierenden Block, insbesondere aber für die CDU/CSU, ist die Auseinandersetzung um die »nationale Identität«. Es geht im Kern um die Deutschland- und Ostpolitik und um die Einwanderungspolitik. Auf beiden Feldern ist der regierende Block gespalten. Man muß es klarer formulieren: Auf beiden Feldern fliegen seit einigen Jahren die Fetzen. Durch diese nach außen gut sichtbare, selbstquälerische Auseinandersetzung hat die Union für den Rechtspopulismus Vorarbeit geleistet.

In der Deutschland- und Ostpolitik hatte die Regierung Kohl die Politik Genschers mangels eines eigenen erfolgversprechenden und realisierbaren Konzepts mehr oder weniger übernommen. Von links kann man spitz sagen: Kohl hat eine unvernünftige Deutschlandpolitik versprochen, aber eine einigermaßen vernünftige gemacht. Dieselben Leute, die geschworen hatten, daß man mit Erich Honecker und der SED nur reden werde, wenn er saftige Zugeständnisse machen werde, empfingen ihn nun – ohne daß er sich groß bewegt hätte – mit allen protokollarischen Ehren.

Die Nationalkonservativen hatten dies zwar verzögern, nicht aber verhindern können. Kohl orientierte sich einfach an Konrad Adenauer, der immer von *Deutschland* geredet, gleichzeitig aber immer für die *Bundesrepublik* Politik gemacht hatte. Nur verloren die Formelkompromisse aus der Adenauerzeit natürlich von Jahr zu Jahr mehr von ihrer Bindungskraft. Selbst die mühsamen Klauseln der frühen siebziger Jahre, aus dem »Brief zur deutschen Einheit« und dem Grundvertragsurteil, klangen, je weiter die Zeit fortschritt, immer hohler, immer unglaubwürdiger. Die nationalkonservativen Wählerschichten um die Vertriebenen- und die Veteranenverbände und das ganze kleindeutsch-preußisch gestimmte Bürgertum wurden zuerst ungeduldig und dann sogar rebellisch.

Kohl und seine Regierung versuchten, diese Stimmung durch eine neue Geschichtspolitik aufzufangen. Man hatte staunend den Erfolg von Staufer- oder Preußen-Ausstellungen beobachtet und argwöhnisch nach Ost-

Berlin geschaut, wo der kommunistisch regierte deutsche Teilstaat plötzlich das Denkmal eines preußischen Königs restaurierte und sogar von einer sozialistischen Nation sprach. Also gründete man Historische Museen und versuchte sich in symbolischer Politik.

Aber diese Politik scheiterte auf dem Soldatenfriedhof »unserer kleinen Stadt«, in Bitburg. Sie scheiterte endgültig mit der Rede, die Richard von Weizsäcker als Bundespräsident am 8. Mai 1985 hielt und mit der er jeglichen deutschnationalen Geschichtsrevisionismus abwies. Was danach, zum Beispiel nach den ersten Wahlsiegen der »Republikaner« kam, ist Satyrspiel: wie man einen Besuch des Bundespräsidenten zum fünfzigsten Jahrestag des deutschen Angriffs auf Polen – an die Westerplatte bei Danzig, wo damals das alte Linienschiff »Schleswig-Holstein« die ersten Schüsse des Zweiten Weltkriegs abfeuerte – verhinderte oder wie ein christdemokratischer Kultusminister einen Erlaß vorlegte, wonach seine (hessischen) Schüler vom Deutschlandlied wieder alle drei Strophen lernen sollten...

Marklissa

Am 19. April 1985 schreibt der Vorsitzende der CDU/CSU-Fraktion im Deutschen Bundestag, Dr. Alfred Dregger, einen offenen Brief an mehrere Mitglieder des amerikanischen Senats. Er richtet den Brief an den Senator Howard Metzenbaume, Capitol, Washington D.C., USA:

»Sehr geehrte Damen und Herren Senatoren!
Soweit Sie mich nicht kennen, darf ich mich Ihnen vorstellen: Ich bin Vorsitzender der CDU/CSU-Bundestagsfraktion. Ich halte ein intaktes deutsch-amerikanisches Bündnis für eine Existenzfrage für die

freie Welt. In der aktuellen Frage von SDI habe ich mich vor dem Deutschen Bundestag in einer Weise geäußert, die Sie dem anliegenden Protokoll entnehmen können.

Am letzten Kriegstag, dem 8. Mai 1945, habe ich – damals vierundzwanzig Jahre – mit meinem Bataillon die Stadt Marklissa in Schlesien gegen Angriffe der Roten Armee verteidigt.

Den Inhalt Ihres Briefes an den amerikanischen Präsidenten bezüglich seines Besuches auf dem deutschen Soldatenfriedhof in Bitburg habe ich mit Bestürzung gelesen. Ich möchte Ihnen nicht verschweigen, welche Empfindungen dieser Brief bei mir und vielen meiner Landsleute auslöst: Mein einziger Bruder, Wolfgang, ist 1944 an der Ostfront im Kurlandkessel umgekommen, ich weiß nicht wie. Er war ein anständiger junger Mann, wie die allermeisten seiner Kameraden.

Wenn Sie Ihren Präsidenten auffordern, die von ihm geplante noble Geste auf dem Soldatenfriedhof in Bitburg zu unterlassen, muß ich das als Beleidigung meines Bruders und meiner gefallenen Kameraden empfinden. Ich möchte Sie fragen, ob man den toten Soldaten, deren Leiber verwest sind, die letzte Ehre verweigern darf? Ich frage Sie, ob eine solche Haltung unseren gemeinsamen Idealen von Anstand, Menschenwürde und Achtung vor den Toten entspricht? Ich frage Sie, ob Sie im deutschen Volk, das zwölf Jahre lang einer braunen Diktatur unterworfen war und das seit vierzig Jahren an der Seite des Westens steht, einen Verbündeten sehen?

Meine Söhne dienen in der Bundeswehr. Der jüngere hat an meiner Seite gestanden, als auf dem Fort Douaumont bei Verdun der Staatspräsident Frankreichs, Mitterrand, und der deutsche Bundeskanzler,

Helmut Kohl, sich zu Ehren der Gefallenen beider Völker verneigt haben.

Es gibt Kräfte, die das Gedenken an den 8. Mai 1945 mißbrauchen möchten, um das deutsch-amerikanische Verhältnis zu untergraben. Wir sollten dem nicht Vorschub leisten.

Mit vorzüglicher Hochachtung«

Am 23. April 1985 schreibt der Bundesgeschäftsführer der SPD, Dr. Peter Glotz, einen offenen Brief an den Vorsitzenden der CDU/CSU-Fraktion im Deutschen Bundestag, Dr. Alfred Dregger:

»Sehr geehrter Herr Kollege Dregger,
aus Bundestagsdebatten, in denen wir miteinander gestritten haben, wissen Sie, daß ich mich von Verteufelungen politischer Gegner fernhalte; das hat, trotz der tiefgehenden Meinungsunterschiede zwischen Ihnen und mir, auch immer für Alfred Dregger gegolten. Nach Ihrem offenen Brief an Howard Metzenbaume und mehrere Mitglieder des Senats der Vereinigten Staaten von Amerika muß ich Ihnen sagen, daß Sie mit diesem Brief dem Bild der Bundesrepublik in den Köpfen der amerikanischen Nation schweren Schaden zugefügt und die deutsch-amerikanische Freundschaft in unverantwortlicher Weise belastet haben.

Mein Einwand richtet sich nicht gegen den Besuch des amerikanischen Präsidenten auf dem Soldatenfriedhof. Es ist sicher richtig, daß man vierzig Jahre nach Kriegsende den Toten dieses Krieges Respekt bezeigen kann, ohne ihre Gesinnung im einzelnen zu untersuchen. Eine ganz andere Frage ist es, warum die Bundesregierung bei der Vorbereitung des Besuchs von Präsident Reagan von einer Peinlichkeit in die andere stolpert. Aber dies ist nicht der Anlaß zu meinem Brief. Empörend finde ich allerdings, daß am vierzigsten Jahrestag von Hitlers Kapitulation ein führender deutscher Politiker die Formulierung gebraucht, daß das deutsche Volk ›zwölf Jahre lang einer braunen Diktatur unterworfen war‹. Wollen Sie wirklich den Versuch machen zu verschleiern, daß nur eine kleine und schrecklich dezimierte Minderheit von Hitler-Gegnern *unterworfen* wurde, während Millionen Deutsche Hitler gewählt und bis in den Zweiten Weltkrieg hinein auch als ›Führer‹ akzeptiert haben? Ist die Verdrängung dieser Tatsache Ihre Art der Bewältigung der Vergangenheit?

Und wie sollen unsere Freunde in den Vereinigten Staaten und sonstwo in der Welt es eigentlich verstehen, wenn Sie mit schrecklichem Anklang an den mißbrauchten Begriff vom ›anständigen Deutschen‹ Ihren gefallenen Bruder noch einmal ins Feld schicken, und zwar mit der Bemerkung, er sei ein ›anständiger junger Mann‹ gewesen ›wie die allermeisten seiner Kameraden‹? Ist es nicht gerade das, was wir versuchen müssen zu verstehen: daß nämlich Millionen von subjektiv ›anständigen‹ Menschen sich von einem verbrecherischen Regime in einem Angriffskrieg mißbrauchen ließen? Ich habe nicht geglaubt, daß es jemals wieder einen Politiker der Bundesrepublik geben würde, der so uneinsichtig die Legende von der kleinen Minderheit der Verführer und der großen Mehrheit der anständigen Deutschen verbreiten und der jungen Generation die Geschichte als Verhängnis darstellen könnte. Die gespielte Schlichtheit, mit der Sie im Tonfall und mit dem Wortschatz der Weimarer Deutschnationalen alle Erkenntnisse abschütteln, die wir uns in den vierzig Jahren seit Hitlers Tod erarbeitet haben, ist erschreckend.

Und erschreckend ist auch der unverhohlene Unterton der Erpressung. Was soll eigentlich die drohende Frage an die Amerikaner, ob sie im deutschen Volk, das seit vierzig Jahren an der Seite des Westens stehe, einen Verbündeten sehen? Und was der Hinweis auf eine Rede, die Sie im Deutschen Bundestag gehalten haben und bei der Sie sich für die Strategische Verteidigungsinitiative des amerikanischen Präsidenten stark machten? Was hat das eine mit dem anderen zu tun? Soll der amerikanische Präsident einen Soldatenfriedhof in Bitburg besuchen, weil die Deutschen für eine Weltraumrüstung sind? Sollte er einen solchen Besuch unterlassen, wenn sie sich – wie beispielsweise die Norweger unter einer konservativen Regierung – gegen die Militarisierung des Weltraums aussprächen?

Zwischen den Zeilen Ihres Briefes kann man lesen, daß Sie aus Marklissa in Schlesien, das Sie – wie Sie schreiben – ›mit meinem Bataillon gegen Angriffe der Roten Armee verteidigt‹ haben, geistig noch immer nicht zurückgekehrt sind. Es ist immer noch der schreckliche Irrtum der ›anständigen Deutschen‹, den Sie beschwören: der stumme Vorwurf an die Amerikaner, daß sie mit der Sowjetunion gegen Hitler und nicht mit Hitler gegen die Sowjetunion gekämpft haben. Der Gedanke, der Ihren Brief durchzieht, daß die Amerikaner die Vergangenheit gefälligst vergessen sollten, weil wir starke Verbündete sind und die Rüstungspolitik der gegenwärtigen amerikanischen Administration unterstützen, ist moralisch korrupt. Die Bundesrepublik Deutschland hat in die Gemeinschaft der freien Völker zurückgefunden, als Konrad Adenauer und Charles de Gaulle sich in der Kathedrale von Reims die Hand reichten und als WillyBrandt im Warschauer Ghetto

niederkniete. Diesen Kredit verspielt heute eine Regierung, deren Außenministerium dem amerikanischen Präsidenten empfahl, anläßlich eines offiziellen Besuchs kurz vor der vierzigsten Wiederkehr der Kapitulation Hitlers ein Konzentrationslager zu meiden. Im Bestreben, auch eine kleine Minderheit unverbesserlicher Deutscher als Wähler zu behalten, gefährden Sie und die von Ihnen getragene Regierung das Ansehen der deutschen Demokratie.
Ihre Söhne dienen in der Bundeswehr? Ich hoffe inständig: in anderem Geist als ihr Vater.

Mit vorzüglicher Hochachtung«

Frage:

Inwieweit unterscheiden sich die Auffassungen der deutschen Politiker Dr. Dregger und Schönhuber über die Rolle und die ethischen Verhaltensweisen von Soldaten im Zweiten Weltkrieg?

Das Scheitern der zweiten Modernisierung der CDU

Alfred Dregger war die letzte öffentlich sichtbare Führungsfigur des »rechten« – nationalkonservativen – Flügels der Union. Man kann sehr wohl fragen: Was bedeutet dieser Flügel eigentlich für die CDU? Strauß und Heck sind tot, Carstens und Filbinger aus der aktiven Politik ausgeschieden, Todenhöfer ging in die Privatwirtschaft, und Lummer wird wohl dazu gebracht werden. Es bleiben ein paar »Hasselmänner« in der Provinz und einige »Stahlhelmer« im Bundestag. Aber können die Abgeordneten Abelein, Jaeger-Wangen oder Ottfried Hennig, Parlamentarischer Staatssekretär, Vorsitzender der

CDU Schleswig-Holstein und Vertriebenenfunktionär, wirklich etwas bewegen? Es ist schon richtig: Der »deutsche Haider«, ein junger, energischer Kohortenführer der Nationalkonservativen, fehlt. Trotzdem wäre es falsch, den Einfluß der nationalkonservativen Strömung in der Union geringzuschätzen. Sozialmilieus spielen in Volksparteien eine größere Rolle als brillante Individuen; wobei der ganz große Erfolg allerdings nur eintritt, wenn eine überlebensgroße Figur den Ton eines bestimmenden Milieus trifft. Adenauer war eine solche.

Der rechte Flügel der Union ist keine wohlorganisierte *pressure group* wie einst die Kanalarbeiter bei der SPD. Aber man darf den stummen Sog nicht unterschätzen, der von unterschiedlichen Machtzentren ausgeht: vor allem von der fast immer geschlossen marschierenden CSU und großen Stimmblöcken in der CDU, zum Beispiel aus den Landesverbänden Hessen und Niedersachsen; von den Vertriebenenverbänden, den wehrpolitischen Arbeitskreisen und den Reservistenvereinigungen, aber auch von ganz informellen Netzwerken, zum Beispiel katholischen Akademikerverbänden, Studentenverbindungen und dem »Bund Neu-Deutschland«.

Die Volksparteien CDU und CSU reichen tief hinab in gewachsene Subkulturen, von denen der durchschnittliche Liberale in unserer Gesellschaft kaum mehr etwas weiß: zu Jägern und Schützen, Marianischen Congregationen und Adalbert-Stifter-Vereinen. Genauer formuliert: Sie *reichten* einmal hinab in dieses Wurzelwerk der Gesellschaft der Bundesrepublik. Die Unruhe, die die CDU/CSU jetzt erfaßt hat, hat ihren Grund darin, daß viele Konservative zu fürchten beginnen, diese Wurzeln könnten absterben.

Eine Gefahr für die Demokratie sind diese Nationalkonservativen nicht. Die elitären katholischen Ständestaatsideen sind ebenso verflogen wie die Freikorpsstimmung. Die Weimarer Republik ist am Widerstand dieses Bürgertums zuschanden geworden; das ist für die Bundesrepublik nicht zu befürchten, solange sie ökonomisch so erfolgreich ist wie in den letzten vierzig Jahren. Aber die Kraft, die Gesellschaft in langwierige, hitzige und rückwärtsgewandte Debatten zu verwickeln, haben diese Gruppen allemal. Die Modernisierer in der CDU haben versucht, eine solche Entwicklung zu verhindern. Sie konnten nicht sichtbarer scheitern als auf dem Bremer Parteitag der CDU Anfang September 1989, auf dem Kohl es erreichte, daß sein letzter übriggebliebener Rivale, Lothar Späth, auf der Strecke blieb.

Geißler nicht mehr Generalsekretär, Späth aus der Politik ausgeschieden, Rita Süssmuth unter Dauerbeschuß – das ist ein ruhiger, fester Schritt nach rechts. Geißlers Versuch, die große Volkspartei CDU per Handstreich von oben zu modernisieren, ist mißlungen. Zwar waren die Modernisierer stark genug, ein paarmal die Beschlußlage ihrer Partei überfallartig zu verändern. Das spektakulärste Beispiel waren vorsichtig-emanzipatorische Beschlüsse in der Frauenpolitik. Aber die Beschlußlage ist eine Sache; die Bewußtseinslage eine andere. Als Kohl sich entschloß, sein Gewicht auf den rechten Fuß zu verlagern und mit seinem Zentrum zum nationalkonservativen Flügel überzugehen, waren die »Modernisierer« fürs erste gescheitert.

Wird die nach rechts verlagerte CDU/CSU mit den neuen Rechtspopulisten ein Bündnis eingehen? In vielen Gemeinden sicherlich, in einigen Ländern wahrscheinlich – wenn auch nicht gleich –, auf der Ebene des Bundes kaum. Die formelle Koalition ist aber auch nicht das Problem. Das Problem beschreibt Franz Schönhubers Satz: »Ich regiere längst schon mit.« Es geht nicht um direkte Machtausübung durch Populisten, sondern um die indirekte.

Einwanderung

In der Einwanderungspolitik bricht das Potential der politischen Rechten regelrecht auseinander. Auch hier muß man zuerst einmal der Gerechtigkeit halber feststellen, daß die CDU/CSU in ihrer praktischen Politik über mehr als ein Jahrzehnt eine durchaus pragmatische Politik gemacht hatte. In ihrer Oppositionszeit hatte sie in verschwiegenen, aber mächtigen Gremien (Koordinationskreisen und Bund-Länder-Kommissionen) durchaus eine Politik der Anerkennung der faktischen Einwanderung gebilligt. An dieser Linie schien sich auch in den allerersten Jahren der liberal-konservativen Regierung nichts zu ändern.

Dies schlug allerdings radikal um, als der Rechtspopulismus die »Überfremdungsangst« aufgriff und damit erste Erfolge errang. Was jetzt folgte, läßt sich nur noch mit dem Begriff »Schisma« beschreiben: Der Generalsekretär der CDU, Heiner Geißler, plädierte für die »multikulturelle Gesellschaft«, während Bundesinnenminister Zimmermann mit allen Mitteln seines hohen Amtes den »Asylantenstrom« oder die »Asylantenschwemme« beschwor. Der große Instinktpolitiker Franz Josef Strauß versuchte wieder einmal, den Radikalen im eigenen Lager das Wasser dadurch abzugraben, daß er selber besonders radikal wurde. »Es strömen die Tamilen zu Tausenden herein«, heißt ein berühmt gewordenes Wort von ihm, »und wenn sich die Situation in Neukaledonien zuspitzt, dann werden wir bald die Kanaken im Land haben.« Er rückte die Flüchtlingspolitik unter dem Asylantenbegriff in den Mittelpunkt seiner Landtagswahlkampagne von 1986 und hielt damit Schönhuber noch einmal bei drei Prozent.

Den gleichen Versuch, allerdings erfolglos, machte die Frankfurter CDU 1989 in einem Kommunalwahlkampf,

in den sie – wohl das erste Mal in einem deutschen Wahlkampf nach 1945 – auch antisemitische Untertöne (gegen
Daniel Cohn-Bendit) mischte. Der neugewählte sozialdemokratische Oberbürgermeister Volker Hauff rea-
gierte auf diesen Wahlkampf damit, daß er Cohn-Bendit
mit einem »Dezernat für multikulturelle Fragen« beauf-
tragte.

Der nationalkonservative Flügel, sicher nach wie vor
eine Minderheit in der Union, will die Identität der Deutschen auch durch eine möglichst große ethnische und kulturelle Homogenität sichern. Der Versuch der christlich-
sozialen, sozial-republikanischen Kräfte (und hinter
ihnen der Kirchen), das Thema der Ausländerpolitik zu
»entpolitisieren«, also eine Zuspitzung auf das Feindbild
»Fremde« zu vermeiden, muß inzwischen wohl als
mißglückt betrachtet werden.

Vorarbeit

»Soziale Ordnung
Zeitschrift der Sozialausschüsse der Christlich-
Demokratischen Arbeitnehmerschaft (CDA)«
Peter Köppinger, Mitglied des Bundesvorstands
der CDA
»Den Radikalismus herbeigerechnet«
in Nr. 2/1989, Februar 1989:

»Wenn sich die führenden Vertreter der Rechtsradikalen Anfang der achtziger Jahre bei der Planung für
eine Strategie zur Rückkehr auf die politische Bühne
der Bundesrepublik eine Ausländer- und Flüchtlingspolitik hätten wünschen können, ihnen hätte
keine bessere einfallen können als die, mit der der
Bundesinnenminister ihnen ungewollt in die Hände
spielt: Gebetsmühlenartig stellt er bei jeder Gelegen

---

heit fest, der Ausländeranteil bei uns sei zu hoch, die Grenzen der Belastbarkeit seien erreicht, die Ausländerkriminalität nehme erschreckende Ausmaße an...

Doch die einzige konkrete und wirksame Maßnahme, die tatsächlich zu einem deutlichen Rückgang der Ausländerzahlen führte, war die von Norbert Blüm gegen die Pläne des Innenministeriums durchgesetzte Rückkehrhilfe für ausländische Arbeitnehmer.

Seit Jahren scheitert eine sinnvolle Reform des Ausländerrechts daran, daß der Bundesinnenminister und sein Haus sich beharrlich weigern, die hohen Hindernisse zur Erlangung der deutschen Staatsangehörigkeit für Ausländer abzubauen, die seit langem hier leben und hier leben wollen. Das Innenministerium weigert sich auch, die Rechtssicherheit der auf Dauer hier lebenden Ausländer durch Abbau der vielen in der Praxis oft schikanös ausgelegten Ermessensspielräume der Behörden zu erhöhen... Allmonatlich verkünden Zimmermann und sein Staatssekretär Spranger die Hiobsbotschaften der steigenden ›Asylantenflut‹. Wenn die Zahlen gegenüber dem Vormonat gestiegen sind, dann wird dies als Beleg für die dramatische Situation genommen. Sind sie gesunken, wird der entsprechende Vorjahresmonat zum Vergleich herangezogen. Wenn auch da keine Steigerung festzustellen ist, wird ein beliebiger anderer Zeitraum genommen...

Zusammengefaßt: Es wäre ein Wunder gewesen, wenn diese Ausländerpolitik nicht über kurz oder lang die Rechtsradikalen auf den Plan gerufen hätte. Die Zahlen werden aufgeblasen; die Bevölkerung wird geschockt und verunsichert; da, wo tatsächlich Mißbrauch vorliegt, wird nicht gehandelt. Es werden Erwartungen geweckt, die nicht einlösbar sind.«

»dpa, Landesdienst Hessen«, 1. Februar 1989:

»NPD wirft Frankfurter CDU ›Kopierung‹ ihres Wahlkampfs vor«
»Die NPD hat der Frankfurter CDU vorgeworfen, mit ihren Anti-Ausländerparolen ihren Wahlkampfstil zu ›kopieren‹. Viele Formulierungen auf CDU-Wahlplakaten hätten die Christdemokraten ›bis auf das Komma genau‹ von der NPD übernommen. ›Wir wundern uns, daß da CDU drunter steht, eigentlich müßte NPD drunter stehen‹, erklärte der Landespressesprecher der NPD, Winfried Krauss, am Montag in Frankfurt. Als Beispiel nannte Krauss eine Zeitungsanzeige der CDU, in der die Partei vor der angeblichen Flut von ›Scheinasylanten‹ warnt. Die Nationaldemokraten sehen in dem Wahlkampfstil der CDU einen ›Seriositätsbonus‹ für die NPD. ›Das bringt für uns einen ungeheuren Schub, weil damit auch unsere Aussagen zur Abwehr von Ausländern glaubwürdiger werden‹, sagte der NPD-Sprecher.«

»ddp«, 4. April 1989, München:

»Der ehemalige JU-Bezirksvorsitzende von München, Heinz Friedrich Kremzow, ist am Dienstag den ›Republikanern‹ beigetreten. Wie der bayerische Landesvorsitzende der ›Republikaner‹, Harald Neubauer, in München erklärte, war der vierundvierzigjährige Kremzow über zwanzig Jahre Mitglied der CSU. Seit Januar hätten die ›Republikaner‹ in Bayern rund dreihundertfünfzig ehemalige CSU-Mitglieder aufgenommen. Neubauer sieht Anzeichen, daß ›weitere CSU-Amtsträger zu uns kommen wollen‹. Die Unzufriedenheit in der CSU nehme täglich zu.«

Die Methode Kohl – die Methode Geißler

Symbolischer Ausdruck des tiefen Konflikts in der Union war die Auseinandersetzung zwischen dem Vorsitzenden der Partei, Helmut Kohl, und seinem Generalsekretär Geißler. Ein ungewöhnlicher, in sozialdemokratischen Parteien undenkbarer Machtkampf in der engsten Spitze. Ein Machtkampf von zwei Männern, die Jahrzehnte eng zusammenarbeiteten. Ein Machtkampf schließlich auch zwischen zwei Apparaten: dem Kanzleramt und der Parteizentrale.

Geißler gilt als der Mann der katholischen Soziallehre; aber er ist mehr Stratege als Ideologe. In seiner Psychologie ein Ghetto-Katholik *par excellence,* einer, der – immer noch Kulturkampf – gegen alle Fronten kämpft und seinen Laden leidenschaftlich verteidigt. Ein Mann mit Grundsätzen, aber bedenkenlos in der Wahl seiner Mittel – Kampf ist Kampf. Dieser Mann hatte erkannt, daß seiner Partei die Jüngeren, die berufstätigen Frauen, überhaupt die jungen Leute als Wähler abhanden kamen. Er wußte, daß er eine historische Neuformierung, vielleicht sogar Neuradikalisierung der Mittelschichten einkalkulieren mußte. Deswegen versuchte er eine neue Kursbestimmung.

Er profilierte seine Partei im Kampf gegen Menschenrechtsverletzungen in Chile oder Südafrika, stützte Rita Süssmuths sanften Feminismus, verpackte die Abtreibungsproblematik geschickt (unter der Überschrift »Verantwortung für das Leben«) in Debatten um Intensivmedizin, Gentechnologie und Biotechnologie und verlangte sogar kategorisch die Einspeisung der DDR-Fernsehprogramme in Kabelanlagen der Bundesrepublik. Er wußte, daß seine Partei mit zwei oder drei Lebenslügen aufräumen mußte, wenn sie regierungsfähig bleiben wollte: »Wir stellen den Nationalstaat wieder her in den Grenzen von 1937«; »Wiedervereinigung ohne große Transferzahlungen«; »Wir sind kein Einwanderungsland«. Eine Zeitlang schien es, als würde er Erfolg haben. Aber als Kohl auf die Gegenseite wechselte, war es damit vorbei.

Heiner Geißler wollte den rechtspopulistischen und nationalkonservativen Protestpotentialen von vornherein und mit Verve in die Parade fahren. Kohl geht jetzt den Weg, den Strauß gegangen wäre: Er will sie integrieren. Dabei war Geißler im Weg; deswegen mußte er gehen.

Die Frage ist, ob und wie diese Integration gelingen kann. Kohl scheint noch immer an seine alten Tagesbefehle (»Partei der Mitte«, »Keine selbstquälerischen Debatten«) und an die Doppelstrategie der siebziger Jahre zu glauben. Er erinnert inzwischen ein wenig an die ernsthaften, erfahrenen, aber ein wenig unbeholfen wirkenden Politiker aus der Spätzeit der Weimarer Republik, die man in dunklen Kleidern in Erinnerung hat und deren vorsichtige, sachlich begründete Reden gegen die seltsam aufgewühlte Glaubenskraft der Nazis nichts zu bestellen hatten. Die Situation ist ganz anders als damals: Heute haben die wirklichen Republikaner gegen die Partei der »Republikaner« eine große Mehrheit. Die Republik wird zusammenhalten. Die Frage ist, wieweit die Wählerschaft der Union zusammenhält.

Die »Methode Kohl«, sein *Muddle-through*-Pragmatismus, läßt sich an beliebig vielen Äußerungen dieses Kanzlers exemplifizieren. Ich analysiere sie beispielhaft an einem Fernsehinterview, das die *Frankfurter Allgemeine Zeitung* am 7. August 1989 wiedergegeben hat:

Kohl beginnt mit politisch mehrheitsfähigen, in seiner Partei zwar umstrittenen, aber ganz und gar richtigen Feststellungen: Das Ziel deutscher Politik für die Zukunft müsse sein, »daß wir aus dem alten Nationalstaatsdenken des neunzehnten Jahrhunderts herauskommen«. Die Einigung Europas bilde die Voraussetzung für ein wachsendes Gewicht der Deutschen. Die Einheit der Nation sei nur denkbar unter einem europäischen Dach. »Wir müssen am Ende eine europäische politische Union haben, der beispielsweise die Verteidigungspolitik und die Industriepolitik gemeinsam sind.« Er sei gegen jede Form des Nationalismus, »der hat uns nur Elend, Blut und Tränen gebracht«.

Bis dahin kann man jedes Wort unterschreiben. Dann allerdings folgt die erste Beschwörungsformel: »Europa steht nicht im Gegensatz zur Wiedervereinigung.« (Sehen das unsere europäischen Nachbarn genauso? Wie sieht es die Sowjetunion? Meint »Europa« dabei die Europäische Gemeinschaft, in die die DDR eingebracht werden könnte? Oder eine neuartige gesamteuropäische Verflechtung?) Kohl fährt fort: So stehe es schon in der Präambel des Grundgesetzes. (Wenn es dort so stünde: Wäre es damit durchsetzbar?) »Wir sind für die Einheit der Nation, und wir sind für die Einigung Europas, und wer die Geschichte kennt, kann sich eine Hochrechnung für die Zukunft machen – und die heißt, es wird keine Einheit der Nation geben, es sei denn unter einem europäischen Dach.« (Das ist nun wieder eindeutig richtig.)

Mit gestrigen und vorgestrigen Parolen sei nichts zu bewegen. Gegenüber Polen und anderen Staaten gälten die Ostverträge, die Entscheidungen des Bundesverfassungsgerichts und der Brief zur deutschen Einheit (eine juristische Bemerkung, die einige unserer Nachbarn im Osten hinsichtlich der Entscheidungen des Gerichts und des Briefs zur deutschen Einheit anders sehen). Jetzt sei kein Grund zu sehen, das Thema der Grenze eines wiedervereinigten Deutschlands zu Polen täglich zu behandeln. (Dies ist ein Hieb gegen den Vorsitzenden der CSU, Theo Waigel.) Die Rechtslage sei bis zu einem Friedensvertrag eindeutig. (In der Tat: Die gegenwärtigen Grenzen gelten.) Ob aber Aussicht für einen Friedensvertrag »im jetzigen Zeitabschnitt« bestehe, sei erheblich zu bezweifeln. (Richtig!) Es sei nicht nötig, daß jetzt die Deutschen diesen Punkt in die Diskussion bringen müßten. (Es ist sogar schädlich!) Wenn er nach Polen fahre, werde er dort sagen, daß nach dem Vertrag von 1970 als zweiter wichtiger Schritt die Aussöhnung versucht werden müsse. Ein Bestandteil dieser Bemühungen könne ein deutsch-polnisches Jugendwerk sein (ein wichtiges Nebenthema; man kann dem Bundeskanzler voll und ganz zustimmen).

Es bleibt die Frage, ob diese Methodik geeignet ist, im »populistischen Moment« das Entstehen einer autonomen Rechten zu verhindern. Das ist natürlich eine Frage, die nicht nur die CDU/CSU interessieren muß, sondern die ganze Republik. Aber es ist, anders als in Weimar, keine Frage, die die Existenz der Republik betrifft. Heute kann man hoffen, daß in der Bundesrepublik Deutschland kein regierender Block mehr zustande kommt, der rechtspopulistische, neurechte, offen nationalistische oder geschichtsrevisionistische Kräfte an der Macht beteiligt.

Zu einem gewissen Teil kann man diese Hoffnung mit der Entwicklung des Parteiensystems seit 1945 abstützen. Die Scharnierpartei FDP kann zwar zwischen CDU/CSU und SPD wechseln; um aber eine Verbindung oder gar Koalition mit einer Partei wie den »Republikanern« oder einer vergleichbaren Gruppe einzugehen, müßte sie sich in das zurückverwandeln, was sie vor Jahrzehnten war: eine Partei rechts von der CDU/CSU. In der Führung der FDP ist niemand zu sehen, der ein solches Vabanquespiel riskieren oder auch nur interessant finden würde. Auch ist diese Partei unlösbar mit der Politik Hans-Dietrich Genschers verbunden, der nun, 1989, fünfzehn Jahre

Außenminister dieser Republik ist. Dieser Mann beginnt, sich von einem virtuosen und flexiblen Profi in einen alten »Nashornbullen« zu verwandeln, der sein Revier verteidigt. Allerdings ist die FDP eine kleine und fragile Organisation; ob sie in dem großen Hauen und Stechen, das sich für das Jahr 1990 andeutet, übrigbleibt, ist wieder einmal offen.

In der CDU/CSU wird zwar – trotz der klaren Beschlüsse, die beide Parteien derzeit gefaßt haben – die Bereitschaft, mit den »Republikanern« dann und wann zusammenzugehen, wachsen. Das sollte man nicht aus den gelegentlichen Äußerungen einzelner Politiker aus der zweiten Reihe dieser Partei (Heinrich Lummer, Carl-Ludwig Wagner, Ignaz Kiechle und andere) schließen; die Zahl der unmißverständlichen gegenteiligen Auffassungen von gewichtigeren Figuren der Union ist sehr viel größer.

Man muß sich allerdings klarmachen, daß die Partei, die in der Geschichte der Bundesrepublik am häufigsten und am längsten Macht ausgeübt hat, an einer historischen Wegmarke steht. Wenn sich rechts von ihr eine Sechs- oder Sieben-Prozent-Partei festsetzt, mit der sie eine Koalition ein für allemal ausschließt, wird sie im Bund, in den allermeisten Ländern und in einer Vielzahl von Kommunen sozusagen automatisch von der Regierungsverantwortung ferngehalten. Selbst in Bayern, der unbestrittenen Hochburg der Union, könnte die absolute Mehrheit dahinschwinden. Man muß die unzweideutigen Festlegungen von Männern wie Lothar Späth und Heiner Geißler gegen jede Art der Koalition mit neuen rechtspopulistischen Parteibildungen ernst nehmen. Man muß sich aber auch vor Augen führen, wie stark der Druck (zumindest auf der Ebene der Kommunen) werden muß. Und welche Rolle werden Geißler und Späth in der Zukunft spielen?

Hauptgegner

*Der Abgeordnete Kurt Biedenkopf, einer der besten
Köpfe der Union, von seinem Vormann allerdings nicht
geschätzt, macht sich Gedanken über den Hauptgegner
(»Frankfurter Rundschau«, 24. Juni 1989).*

»*Erstens:* Die Tatsache, daß in kurzer Zeit eine neue
Partei in der Bundesrepublik über sieben Prozent der
Stimmen auf sich vereinigen kann, zeigt, daß es ein
Stück politischer Realität in der Bundesrepublik
gibt, die wir aus dem Visier verloren haben und die
politisch nicht vertreten ist. Wenn dies so ist, dann
können wir nicht diejenigen primär verantwortlich
machen, die durch die Organisation einer neuen Partei dieses Defizit aufdecken. Wir müssen uns vielmehr selbst die Frage stellen: Wie kommt dieses
Defizit zustande?

Zweitens: Dies schließt keineswegs aus, daß wir
gleichwohl in Herrn Schönhuber den politischen
Gegner sehen und seine politischen Auffassungen
bekämpfen. Aber wir müssen ihn deshalb nicht zum
›politischen Beelzebub‹ machen. Dadurch werten
wir ihn nur wieder auf und lenken im Grunde unsere
politische Energie von der Aufgabe ab, die uns
eigentlich gestellt ist: nämlich die Beseitigung der
Ursachen für das entstandene Defizit. Die aus-
schließliche Alternative: entweder Koalitionsfähig-
keit der ›Republikaner‹ oder ihre Bekämpfung als
rechtsradikale Gruppierung außerhalb des demokratischen politischen Spektrums, ist keine konstruktive
Alternative.
Entscheidend scheint mir zu sein, daß wir uns mit den
Ursachen für das entstandene Defizit befassen und
unsere politischen Anstrengungen auf seine Beseiti-

gung richten. Diese Beseitigung wiederum ist nur in der politischen Auseinandersetzung mit den Sozialdemokraten zu leisten. Deshalb sind die Sozialdemokraten auch unsere Hauptgegner.

Drittens: Die Unterstützung der SPD in der Auseinandersetzung mit den ›Republikanern‹ wiederum ist nur um den Preis zu haben, daß die SPD ständig in Teilen der bürgerlichen Gruppierungen das schlechte Gewissen wachhalten wird, hier wiederhole sich der Nazismus oder feiere neuerliche Urstände. Dadurch werden diese Teile immer wieder in eine Situation gebracht, die es ihnen nicht erlaubt, jedenfalls wesentlich erschwert, mit unserer Vergangenheit unbefangen umzugehen – was keineswegs gleichbedeutend ist mit unkritischer Betrachtung, sondern Voraussetzung ist für eine wirklich objektive Auseinandersetzung. Gerade der unbefangene und damit objektive Umgang mit unserer Vergangenheit aber ist notwendig, wenn wir das Phänomen der ›Republikaner‹ überwinden wollen.

Denn sonst werden die jungen Menschen, die es, mit Verlaub gesagt, leid sind, immer mit den Schuldgefühlen und den Schuldverantwortungen ihrer Großväter konfrontiert zu werden, dorthin gehen, wo man ihnen sagt: Das muß jetzt ein Ende haben.«

Fragen:

Erstens: Sind die Sozialdemokraten in allen wichtigen politischen Feldern die Hauptgegner der CDU/CSU? Gibt es Felder, wo sie nicht »Hauptgegner« sind?

Zweitens: Wäre es denkbar, daß die Sozialdemokraten in Teilen der bürgerlichen Gruppierungen zwar das schlechte Gewissen wachhalten, aber ohne die Zuspitzung, hier »feiere der Nazismus neuerliche Urstände«? Könnten nicht auch der Nationalismus, die Xenophobie, die Intoleranz neuerliche Urstände feiern?

Drittens: Wie sollen wir denn, mit Verlaub, mit den »jungen Menschen« umgehen, die es »leid sind, immer mit den Schuldgefühlen und den Schuldverantwortungen ihrer Großväter konfrontiert zu werden«?

Das Gegenbild

All diese parteitaktischen Überlegungen sind aber drittrangig im Vergleich zu der einzig wirklich wichtigen Frage – das ist die Frage nach der Befindlichkeit des Souveräns, des Volks, technisch gesagt: der Wähler. Und hier zeigt sich, daß die dunklen Klagelaute der Erzkonservativen wohlbegründet sind. Die wissen, warum sie elegisch werden. Es hat sich gewissermaßen eine neue Nachkriegsmehrheit herausgebildet. Hier liegt die Chance zu einem Weg ins Freie.

In den Worten der Erzkonservativen: In der Bundesrepublik gebe es eine »Ethisierung des Massenlebenswerts«; der Staat sei ruiniert und zum Wohlstandsapparat geworden (Arnold Gehlen). Systemfragen – Verfassungsfragen – würden wichtiger genommen als Substanzfragen. Das (nicht souveräne) Volk gebe sich mit einer Kontrolle der Verwaltung zufrieden, statt nach selbstgestalteter Politik zu verlangen (Hans-Joachim Arndt). Im Jahr 2030 würden fünfunddreißig Prozent der Deutschen über sechzig, mehr als die Hälfte über fünfzig sein. »Von einer Nation von Tatterichen und von Einzelkindern ist jedenfalls kein Überfall mehr zu befürchten. Eher ist damit zu rechnen, daß dieses Lebensabendland die leichte Beute eines vitaleren Nachbarn wird« (Robert Hepp).

Daran ist schon etwas. Man könnte es auch so ausdrücken: Die Mehrheit der Deutschen will sich nicht mehr einreden lassen, daß es nicht so wichtig sei, ob das Volk gut oder schlecht lebt. Sie verlangen vom Staat einen Schutz der Schwächeren, einen Ausgleich von Ungerechtigkeiten. Sie haben eine ordentliche Portion von dem entwickelt, was das nationale Bürgertum vor hundert, achtzig oder sechzig Jahren als »Krämergeist« verachtete. Auch pragmatisch sind sie geworden. Sie finden sich mit manchem ab, womit sie sich früher nicht abgefunden hätten; und benutzen sogar zuweilen einen Begriff, der von einem der vielen früheren Erbfeinde stammt: *common sense,* gesunder Menschenverstand. Deswegen bilden sie sich nicht mehr ein, daß Deutschland über alles geht und daß sie die Besten sind. Ihre Angst, von »vitaleren« Nachbarn geschluckt zu werden, ist gering, weil sie sich vorstellen, daß man das Leben vielleicht auch so organisieren könnte, daß es nicht nur aus Schlucken und Geschlucktwerden besteht. Von dem Trauma, daß es irgendwann überhaupt keine Deutschen mehr geben könne und wie furchtbar das für die Welt wäre, werden sie nur ganz selten heimgesucht. Sie kritisieren die Verbrechen anderer nicht, ohne sich an die Verbrechen zu erinnern, die vom eigenen Volk begangen worden sind; vor allem versuchen sie nicht, die schreckliche Untat des Massenmords an den Juden gegen andere Verbrechen aufzurechnen. Sie wollen aus der Geschichte lernen, obwohl sie wissen, daß man das nur bis zu einem gewissen Grade schafft. Sie sind nicht sehr heroisch, nicht tapferer, nicht grandioser als andere und finden sich auch damit ab. Zuweilen haben sie ein schlechtes Gewissen, weil sie wohlhabender sind als ihre Nachbarn, aber nicht allzuoft. Man kann durchaus nicht zufrieden sein mit dieser Mehrheit der Deutschen, aber man kann mit ihr einigermaßen leben. Die Linke sollte niemals vergessen, daß eine solche Mehrheit, wie gefährdet sie immer sein mag, niemals zustande gekommen wäre ohne die Existenz und die Politik der CDU/CSU. Sie hat die harte Rechte viele Jahrzehnte lang eingeklammert, von der Macht ferngehalten, unschädlich gemacht. Natürlich kann das nicht heißen, daß über all die giftigen Kampagnen der deutschen Rechten der Mantel wohltätiger Verdrängung gebreitet wird – über die Gemeinheiten Adenauers gegen Brandt, die Botschaft, daß alle Wege des Marxismus nach Moskau führen, die Formel »Verzicht ist Verrat« oder den Slogan »Freiheit oder Sozialismus«. Aber man darf eben auch nicht so tun, als ob diese deutsche Rechte keine kooperationsfähigen Fraktionen und Figuren hätte. Die wirkungsvollste Figur der letzten beiden Jahrzehnte ist Richard von Weizsäcker.

Manche Linke tun ihn ja achselzuckend ab. Er ist eben der Präsident; für schöne Reden sozusagen von Amts wegen zuständig. Im inzwischen traditionslosen Deutschland, in dem Hitler die alten Eliten teils korrumpiert, teils verheizt, teils an Fleischerhaken aufgehängt hat, gelten Stil, Takt und intellektuelle Präzision als kraftlos. Die Kleinbourgeoisie wie die Arbeiterbewegung will »Vollblutpolitiker«. Daher nannte Strauß Weizsäcker einen »ökumenischen Weltbischof«, und Helmut Schmidt urteilte noch Anfang der achtziger Jahre: »Weder Fisch noch Fleisch, sondern Klops.«

Das ist falsch. Weizsäcker hat nicht nur als Präsident, sondern schon vorher, als stilbildender Parlamentsredner, als Programmatiker seiner Partei, als Wahlkämpfer, als Regierungschef in Berlin, deutlich gemacht, was Konservativismus in Deutschland *auch* sein kann. Er war das Widerlager zu Kohl und Strauß, den in ihren Zweikampf vertieften Dioskuren der Rechten.

Dabei war er immer unbezweifelbar ein Konservativer. Die Kampagne »Freiheit oder Sozialismus« aus dem Wahlkampf 1976 hat er nicht plump betrieben; seine intelligente Interpretation (»Die Sozialdemokraten *wollen* die Freiheit zwar nicht gefährden, gefährden sie jedoch im Ergebnis ihrer Politik«) war allerdings um so wirksamer. Von ihm existiert sowohl der Satz »Wir müssen aufhören, über unsere Verhältnisse zu leben, auch wenn es schwerfällt« – also eine konservative Warnung vor der »Anspruchsinflation« der kleinen Leute – als auch eine Rechtfertigung des Radikalenerlasses. »Setzen Sie durch«, rief er dem Bundeskanzler Schmidt im Bundestag zu, »daß der einstmals gemeinsame Ministerpräsidentenerlaß bald effektiv und einheitlich zur Anwendung kommt.«

Der Vorwurf des rechten Flügels der Union, Richard von Weizsäcker habe sich von den großen Kampagnen seiner Partei vornehm zurückgehalten, ist falsch.

Aber dieser Mann ist gleichzeitig der Haßgegner der Rechtspopulisten, nicht zu reden von der alten Rechten. Der Grund dafür liegt in Weizsäckers glasklarer Weigerung, die Verbrechen der Nazis auch nur mit einem einzigen Wort zu beschönigen und ihre Einmaligkeit zu bestreiten. Daß ausgerechnet Richard von Weizsäcker, der Sohn eines Mannes, der zwischen 1938 und 1943 Staatssekretär des Auswärtigen Amtes in Berlin war, den Tag der Kapitulation Nazi-Deutschlands, den 8. Mai 1945, als Tag der »Befreiung« bezeichnete, läßt den rechten Rechten keine Ruhe. Am wirksamsten hat Franz Schönhuber den Haßgefühlen dieser Landsleute Ausdruck gegeben: »Wir wollen keinen Präsidenten, der mehr seinen Vater bewältigt als sein Vaterland.« Das

Gute ist: Schönhuber spricht nur für eine Minderheit. Daß es eine Minderheit ist, dazu hat Weizsäcker beigetragen.

Iring Fetscher, der Frankfurter Politikwissenschaftler, hat Weizsäcker im Winter 1943/44 in Rußland getroffen. Er erlebte, wie der damalige Hauptmann einen Stabszahlmeister kommen ließ, dessen Vater in Berlin wegen »Abhörens von feindlichen Rundfunksendern« hingerichtet worden war.

»Nach dem, was geschehen ist, werden Sie Ihren Kopf nicht weiter für dieses Schwein hinhalten wollen«, sagte Weizsäcker. (Mit dem Schwein meinte er Hitler.) »Ich habe erreicht, daß Sie in einen Ersatztruppenteil in der Heimat versetzt werden.«

Wer schon damals so sprach, der gehörte nicht zur »Volksgemeinschaft« dieser Art Deutscher. Das wissen die noch heute. Die Zündschnur des Hasses ist lang; manchmal glimmt sie viele Jahrzehnte.

Dieses Buch ist keine Entwarnung, sondern eine Warnung. Ich will niemanden in Sicherheit wiegen. Dreizehn Prozent Bürger in einem Staat, die ein geschlossenes rechtsextremes Weltbild haben, sind weiß Gott genug. Und in die Tiefenschichten eines Volkes kann niemand schauen. »Nationalverlust hat etwas Undramatisierbares«, schreiben Oskar Negt und Alexander Kluge. »Greift allerdings ein Herrschaftsinteresse dieses im einzelnen Individuum schwache Gefühl eines Verlustes auf, so können auch starke Bewegungen ausgelöst werden, wie zum Beispiel die gegen Versailles in den zwanziger Jahren.« Ich bin nicht sicher, daß die Mehrheit der Deutschen dauerhaft resistent ist gegen die Ideen einer Polarisierung von Freund und Feind, des Nationalismus und der »ethnischen Reinheit«. Doch es gibt dafür plausible Anzeichen.

Aber es bleibt eine Gefahr bestehen. Sie liegt nicht in

der plumpen Wiederholung der Geschichte. Sie liegt nicht im »Faschismus«. Sie liegt in einem neuen Nationalismus nach außen und nach innen, der durch tausend Bekenntnisse für Menschenrechte reputierlich gemacht würde. Das Schisma der Rechten könnte dazu führen, daß machtpolitisch ernst zu nehmende Gruppen sich – erstmals in der Geschichte der zweiten deutschen Republik – auf einen solchen Weg machen. Vorsicht ist geboten.

DIE NEUE LAGE
UND DIE NEUE RECHTE

Ich wiederhole: Die Politik ist kein Sachgebiet, Politik ist ein Produktionsprozeß. Das heißt: Bestimmte Tatbestände, Abläufe, Konflikte liegen oft Jahrzehnte herum; sie sind zwar politischer Rohstoff, man könnte sie »politisieren«, aber es geschieht nicht.

Die Naturzerstörung ist ein gutes Beispiel. Es gab sie seit dem Beginn des Industrialismus – und es gab immer wieder einmal (von der Romantik bis zu den Lebensreformbewegungen nach 1848 und den Jugendbewegungen) Versuche, diese Rohstoffpotentiale zu verwerten. Aber es blieb sozusagen bei Halbprodukten; es mißlang, den Intensitätsgrad der Gefühle, die dieser »Stoff« auslöste, wirklich radikal zu erhöhen. Vielleicht gab es auch nur keine Sprache, mit der das hätte gelingen können. Heute ist die »ökologische Frage« (noch vor einem Jahrzehnt war das Wort Ökologie ein der Öffentlichkeit unbekannter Fachbegriff) sozusagen ein neues Zentralgebiet der Politik. Das hatte *auch* mit wirklichen Entwicklungen, nämlich mit der sich steigernden Naturzerstörung zu tun – aber nicht nur. Das, was man heute als Klimakatastrophe bezeichnet, ist seit mehr als einem halben Jahrhundert wissenschaftlich beschrieben. Warum wird es jetzt in den Regierungen und Parlamenten behandelt und nicht schon vor einigen Jahren oder Jahrzehnten?

Was »politisiert« wird und was nicht, hängt nicht nur von irgendwelchen »objektiven« Abläufen in Natur und Gesellschaft ab, sondern von Menschen, die solche Abläufe (als Unrecht, als Gefahr, als Wunsch) ins Bewußtsein der Öffentlichkeit heben.

Ein Politikwechsel, eine »Wende«, eine »Kehre« vollzieht sich am ehesten dann, wenn sich einerseits in der »Wirklichkeit« etwas verändert und wenn andererseits neue oder alte politische Eliten geschickt, schöpferisch, »innovativ« auf solche Herausforderungen reagieren. Ich behaupte: Die Bundesrepublik ist in der Gefahr, daß sich ein solcher Politikwechsel vollzieht, und zwar nach rechts. Mit »Politikwechsel« meine ich nicht eine radikale Änderung der Gesamtrichtung der deutschen Politik (den kann man verhindern), wohl aber eine ziemlich dramatische Gewichtsverlagerung, nämlich einen Fragmentierungsprozeß auf der Rechten.

Ich sehe die Situation so: Erstens steckt Europa (in West und Ost) in einem tiefgehenden Veränderungsprozeß, zweitens hat der regierende Block in der Bundesrepublik ziemlich abgewirtschaftet (»Schisma«), drittens sind die intellektuellen Instrumente für solch einen Politikwechsel, für eine »Neue Rechte« vorhanden, und viertens gibt es mit Schönhuber den bisher gefährlichsten rechtspopulistischen und rechtsradikalen Führer, der in der Geschichte der Bundesrepublik aufgetaucht ist.

Aus alldem ergibt sich noch kein Automatismus. Schönhuber kann sich politisch zu Tode rennen, kann von seinen eigenen Neben-, Unter- und Hintermännern »abgeräumt« werden. Es ist auch keineswegs gesagt, daß er – bei aller Intelligenz, Bedenkenlosigkeit und Geriebenheit – gut genug ist, um aus Rohstoffen Politik zu machen; um also die (existierenden) geistigen Instrumente wirklich zu benutzen. Und im übrigen könnten natürlich die »alten Eliten« der Rechten und der Linken sich zusammenraffen, die Gefahr erkennen, dem populistischen Angriff entgegentreten und dem Angreifer das Handwerk legen. Dann müßten sie aber schnell handeln.

Die neue Lage kann man mit zwei Begriffen umschreiben: Europäisierung im Westen, »Ottomanisierung« im Osten. Der bewußt »obskure« Begriff »Ottomanisie-

128

rung« stammt von dem englischen Analytiker Timothy Garton Ash. Seine These ist, daß der »Ostblock« derzeit genauso zerfällt wie einst das Osmanische Reich: nicht von heute auf morgen, sondern in einem längeren, widersprüchlichen, hin und her gehenden Prozeß. Beide Entwicklungen, die man wohl als welthistorisch bezeichnen muß, bieten nahezu ideale Agitationsmöglichkeiten für eine bedenkenlose, populistisch auftretende »autonome« Rechte – wenn sie sich gar auch noch das konzeptionelle Denken angewöhnte.

Denn die Europäisierung Europas, die derzeit zumindest auf ökonomischem Gebiet durch die Entstehung des europäischen Binnenmarktes rasch voranschreitet, ist zwar aus ökonomischen, ökologischen und außenpolitischen Gründen geradezu unausweichlich, wenn der alte Kontinent nicht koloniales Terrain werden will. Man darf sich aber nichts vormachen: Der Zusammenschluß nationaler Wirtschaftsräume, die unterschiedlich weit entwickelt sind und auch ganz unterschiedliche Stärken und Schwächen haben, ist ohne Opfer nicht zu bekommen. Im einen Land werden es die Kleinbauern sein, in einem anderen die Angestellten im Bankgewerbe, in einem dritten die schwächeren Handwerksbetriebe oder die Arbeitnehmer eines europaweit nicht mehr konkurrenzfähigen Industriezweiges.

Das kann natürlich nicht heißen, daß die Politiker nach der sozialdarwinistischen Maxime »Wo gehobelt wird, fallen Späne« solche Entwicklungen einfach achselzuckend hinnehmen sollten. Nur spricht alle Erfahrung dafür, daß die mühsame Entwicklung supranationaler Strukturen zwischen zwölf eifersüchtigen, auf ihre Interessen bedachten und angstvoll in die Zukunft blickenden Nationen ein schrecklich mühseliges Geschäft ist, das nicht immer rational ablaufen kann. Zwar gibt es einen gewissen Herrn Cecchini, der den Europäern ziemlich goldene Zeiten verspricht. Es wäre indes besser, wenn wir uns klarmachen würden: Die Europäisierung unserer Politik ist ein notwendiger, aber überaus schmerzhafter Prozeß. Das neue Glück von beweglichen, mehrsprachigen Mittelschichten wird mit dem Leid von so manchen »Randbelegschaften« erkauft werden. Wer dem Rechtspopulismus erlaubt, zum Sprecher dieser Randschichten zu werden, könnte sich rasch in einer unerwarteten Defensive wiederfinden. Am radikalsten läßt sich der Intensitätsgrad von Gefühlen bei der europäischen »Wanderungspolitik« verschärfen. Die Europäisierung der europäischen Wirtschaft wird – nicht sofort, wohl aber im Laufe der Jahrzehnte – eine stärkere Beweglichkeit und Durchmischung der europäischen Bevölkerung mit sich bringen. Und die Konflikte, die durch den Zusammenstoß unterschiedlicher Kulturen entstehen, sind vorzüglich »politisierbar«. Das ist der berühmte Streit um die »multikulturelle Gesellschaft«.

In Europa vollzieht sich der Zerfall der Nachkriegsordnung. Das wirtschaftliche System der ehemaligen Sowjetunion und ihrer »Satelliten« ist verkalkt und kann – wenn überhaupt – nur durch eine größere Mitwirkung der Bürger, also eine Demokratisierung dieser Gesellschaften, wieder in Gang gebracht werden. Zivile Gesellschaften im westlichen Sinn existieren aber nur in wenigen mittel- und osteuropäischen Ländern; so vollziehen sich in diesem »wilden Osten« komplizierte und schwer kalkulierbare Machtwechsel – und es wäre ein Wunder, wenn in vielen dieser Gesellschaften nicht für kürzere oder längere Zeitabschnitte Caudillos an die Macht kämen. Es müssen ja keine Massenmörder sein wie Hitler oder der Kroate Ante Pavelic; auch autoritäre, hoch konservative, nationalistische Führer (sagen wir: wie der Slowake Tiso, der Pole Pilsudski oder der Ungar Horthy) wären verhängnisvoll genug.

Man muß sich vor Augen halten: In all diesen Gesellschaften gibt es bedrängende ökonomische Probleme; in einigen von ihnen muß man sogar chaotische Verhältnisse befürchten. Gleichzeitig bedeutete der Sturz des Kommunismus zwar nicht überall, aber doch in vielen Ländern eine Rückkehr zu den politischen Strukturen der vorkommunistischen Ära, das heißt also ein Rückfall in Nationalismus, ethnischen Radikalismus und gelegentlich auch Rassismus. Dazu kommen an vielen Ecken und Enden Ostmitteleuropas religiös motivierte Auseinandersetzungen; zum Beispiel zwischen Muslimen und christlich Orthodoxen Religionen im früheren Jugoslawien, zwischen Unierten und Orthodoxen in der Ukraine, zwischen christlichen und islamischen Bevölkerungsgruppen im Kaukasus, und so fort. Die Gefahr, daß all diese Konflikte sich zu einem unentwirrbaren Knäuel verknoten, ist gewaltig. Die ostmitteleuropäische Völkermischzone könnte – wenn es der Westen weiterhin an wirksamer wirtschaftlicher Hilfe und einer entschiedenen, in sich logischen, vor allem aber geschlossenen Politik fehlen läßt – an vielen Stellen explodieren. Ob es sich um die Konflikte der Bulgaren mit ihrer muslimisch-türkischen Minderheit, der Serben mit den Albanern, der Rumänen mit den Ungarn in Siebenbürgen, der Slowaken mit den Ungarn, der Georgier mit den Osseten und Abkhasen handelt: es besteht die Gefahr, daß Europa aus der bipolaren Welt des Ost-West-Gegensatzes zurückfällt in eine Welt des Nationalismus.

Diese Gefahr ist um so größer, je weniger ihr der Westen durch eine entschiedene Politik der Europäisierung begegnet. Was im Osten passiert, hat im Westen längst sein Echo. Dabei ist die Stimulierung des westeuropäischen Nationalismus und Regionalismus durch den Neonationalismus im Osten – also die Ermutigung der baskischen, korsischen, flämischen, bretonischen, irischen, schottischen, walisischen oder lombardischen Unabhängigkeitsbewegungen – das geringere Problem.

Die wichtigste Frage betrifft die westeuropäischen Kernstaaten selbst, die Mitglieder der Europäischen Gemeinschaft. Werden sie sich durch die neue Lage – wie die Regierungskonferenzen von Maastricht am Ende des Jahres 1991 andeuten – von einer Vertiefung ihrer Gemeinschaft abhalten lassen? Noch läßt sich das politische Ergebnis der Maastrichter Konferenzen nicht verläßlich abschätzen. Aber die Gefahr, daß der Vertrag in dem einen oder anderen Land gar nicht ratifiziert wird, ist erheblich. Und die englische Linie der Erweiterung der Gemeinschaft scheint derzeit (vor allem wegen der deutschen Unentschiedenheit) größere Chancen zu haben als die französische Linie der Vertiefung.

Was ein Scheitern der Pläne zu einer Europäischen Union – einem europäischen Bundesstaat – bedeuten würde, bleibt unzweifelhaft: Europa würde erneut zu einem Kontinent der Nationalstaaten. Diese Nationalstaaten wären dann, insbesondere im Westen, zwar enger verflochten als in der Zeit zwischen dem Ersten und dem Zweiten Weltkrieg. Deswegen müßte man in dieser Region wohl keine militärischen Konflikte mehr befürchten. Eine derartige Entwicklung bedeutete aber die Rückkehr zu einer Kabinettspolitik alten Stils – und damit ohne Zweifel die Ausschaltung Europas aus der Weltpolitik. Ein fragmentiertes Europa könnte weder ökonomisch noch machtpolitisch in der Auseinandersetzung mit den Vereinigten Staaten von Amerika und dem pazifischen Raum eine nennenswerte Rolle spielen.

Was bedeutet das nun alles für Deutschland, für die deutsche Rechte und die Gefahren des Rechtspopulismus und des Rechtsradikalismus?

Ich bleibe dem Denkansatz dieses Buches treu und

analysiere die rechte Rechte nicht isoliert, sondern im gesellschaftlichen Zusammenhang. Soweit ich sehen kann, bestimmen sechs Tendenzen die weitere Entwicklung der deutschen Rechten:

1. Der Übergang von der bipolaren zur multipolaren Welt rehabilitiert die Theorie des Nationalstaats. Es begann mit einem Eliten- und Feuilleton-Nationalismus während des Golfkriegs, in dem der Herausgeber der einflußreichen liberal-konservativen Zeitschrift *Merkur,* Karl-Heinz Bohrer, vehement »die Normalisierung« Deutschlands forderte: die Überwindung des »Provinzialismus« (sprich Föderalismus), der »deutschen Machtvergessenheit«. Inzwischen setzt die politische Publizistik nach. Nationalkonservative Stimmen (zum Beispiel einer der Vordenker des Springer-Konzerns, Herbert Kremp) betrachten die (bis 1989 in der politischen Klasse völlig unstrittige) Vertiefung der Europäischen Gemeinschaft inzwischen als einen Versuch zur »Kontrolle Deutschlands«. Nationalliberale Stimmen (wie die des *Spiegel*-Herausgebers Rudolf Augstein) polemisieren ungescheut gegen die Kohäsionskosten der Gemeinschaft, zum Beispiel gegen den Abfluß von Mitteln nach Portugal. Und selbst genuin liberale Kommentatoren (vom Soziologen Ralf Dahrendorf bis zum Althistoriker Christian Meier) plädieren kühl für den Nationalstaat als die vorherrschende Form europäischer Staatlichkeit. Es ist noch keine drei Jahre her, daß der Eiserne Vorhang zerfiel – und schon hat sich die Szenerie (und zwar die demokratische) radikal gewandelt.
2. Diese – allerdings noch unvollständige – Wendung des Establishments nach halbrechts, gegen die europäischen Gründungsideen der Jahre nach 1945, verhindert allerdings keineswegs das Stärkerwerden des

europäischen Rechtspopulismus. Natürlich: Man kann den Führer der österreichischen Freiheitlichen Partei, Jörg Haider, Jean-Marie Le Pen von der Front National in Frankreich, Umberto Bossi von der Legha Lombarda, Franz Schönhuber von den deutschen Republikanern und die Führer des Vlaams Blok in Flandern oder der Autopartei in der Schweiz nicht einfach über einen Kamm scheren. Aber eines haben sie ohne Zweifel gemeinsam: Sie üben bei »nationalen Themen« – bei der Ausländerfrage ebenso wie bei Problemen der jeweiligen Irredenta – Druck auf die demokratisch-konservativen Parteien aus. In der Regel pflegt dieser Druck nicht mit Gegendruck beantwortet zu werden, sondern mit sanftem Nachgeben. Die deutsche Asyldebatte ist dafür das beste Beispiel.

3. Ein weiterer wichtiger Faktor ist die wachsende ökonomische Instabilität, die sich als eine fast unvermeidbare Nebenfolge der mitteleuropäischen Revolution von 1989 ergibt. In Deutschland tritt dieses Problem schärfer hervor als in allen anderen europäischen Staaten: Wir müssen mit einem Aufwand von knapp zweihundert Milliarden Mark jährlich Ostdeutschland integrieren. Kein Zweifel, daß die Deutschen dieses Problem – wenn sie eine ökonomisch verantwortliche Politik machen – lösen können. Aber zuerst einmal treten für viele Jahre ernste Krisen auf: Enttäuschung, Unsicherheit und hohe Arbeitslosigkeit im Osten, wirtschaftliche Einbußen und daraus folgende Aggressionen im Westen. Es kann keinen Zweifel darüber geben, daß diese (wenn auch auf vielleicht ein Jahrzehnt begrenzte) ökonomische Instabilität rechtspopulistische Angriffe begünstigt. Das wiedervereinigte Deutschland ist gegenüber den Parolen der rechten Szene anfälliger, als es die auf ununterbrochenem Wachstumspfad wandelnde alte Bundesrepublik war.

4. Dazu kommt der keineswegs erstaunliche Tatbestand, daß auch in Ostdeutschland die Herausbildung einer autonomen zivilen Gesellschaft ein höchst schwieriger Prozeß ist; kein Wunder nach zwei Diktaturen, die zusammen mehr als ein halbes Jahrhundert gedauert haben. Rechtsradikalismus und Rechtspopulismus sind keineswegs »importierte Phänomene«; sie sind in der (früheren) DDR – auch das darf niemanden wundern – alt eingesessen. Zwar muß sich der Westen davor hüten, so zu tun, als ob militante Ausländerfeindschaft und geschlossene rechtsradikale Weltbilder eine Spezialität des Ostens seien; ebenso abwegig aber ist es, die Jagd der Skinhead-Szene auf Vietnamesen, Angolaner und Polen als »Kinderkrankheiten« Ostdeutschlands zu verharmlosen. Die zuständigen Instanzen registrieren ein militantes rechtsextremistisches Sympathisantenfeld von fünfzehntausend Mann. Gefährlicher aber ist, daß in den neuen Bundesländern unter ganz unauffälligen, normalen Bürgern »ein nicht unbeträchtliches rechtsextremes Einstellungspotential« (Armin Pfahl-Traughber) existiert.

Bei mindestens fünfzig bis zwanzig Prozent der ostdeutschen Jugendlichen kann von einem autoritären nationalistischen Einstellungssyndrom gesprochen werden. Wenn Schüler der neunten und zehnten Klassen zu etwa sechzig Prozent der Auffassung sind, daß es zu viele Ausländer gibt und fünfzehn Prozent dem Satz zustimmen »Jeder Ausländer ist einer zuviel« (wie Walter Friedrich und Wilfried Schubarth nachgewiesen haben), dann ist gespannte Wachsamkeit notwendig.

Die Befürwortung der deutschen Einheit darf sich nicht im Verschweigen von Problemen beweisen wollen, die durch den komplizierten Prozeß der Wiedervereinigung ausgelöst worden sind.

5. Dem rechtspopulistischen und rechtsextremen Potential in Ostdeutschland steht noch keine entsprechende rechtsextreme oder rechtspopulistische Organisation gegenüber. Daß die Rechtsparteien bisher wahlpolitisch dort keine Erfolge hatten, sagt zwar nichts: Zwischen Februar und August 1990 wurde der Partei der Republikaner zum Beispiel aufgrund eines Beschlusses der Volkskammer die legale Tätigkeit und die Wahlbeteiligung verboten. Kein Wunder, daß diese Partei dann in den Landtags- und Bundestagswahlen jenes Jahres nur Stimmenanteile zwischen 0,6 und 1,7 Prozent der Stimmen errang. Aussagekräftiger ist da schon der ziemlich genau ermittelbare Organisationsgrad. Mitte 1991 hatten die Republikaner in Ostdeutschland ganze dreieinhalbtausend Mitglieder; die Deutsche Volksunion Gerhard Freys war noch weit schwächer; Experten halten die von ihm angegebene Mitgliedschaft von tausend für weit übertrieben. Das zeigt, daß der Antiparteien-Affekt, der in allen früheren kommunistischen Gesellschaften grassiert, auch (und gerade) auf rechtsradikale und rechtspopulistische Parteien durchschlägt. Wer gelernt hat, daß die Mitarbeit in Parteien fragwürdig und gefährlich ist, und sich deshalb von »etablierten« Parteien fernhält, wird bei stark kritisierten, exponierten, in den Medien attackierten Parteien besonders vorsichtig sein. Ob das enttäuschte Bürgerinnen und Bürger Ostdeutschlands allerdings auf Dauer davon abhält, in der Abgeschlossenheit einer Wahlkabine für Rechtsparteien zu votieren, ist mehr als fraglich.

6. Charakteristisch für die deutsche politische Szene ist immer noch, daß die populistische und die radikale Rechte nicht über charismatische, an die moderne Konstellation angepaßte politische Führer verfügt. Es ist ja nicht leicht, vor dem Hintergrund der deutschen

Geschichte einer Rechtspartei den Anschein von Legitimität zu verschaffen. Auch liegen die Interessen der Modernisierungsverlierer im Westen und der Einheitsverlierer im Osten weit auseinander. Wer bestimmte Stimmungen in der westdeutschen Unterschicht vertreten will, muß zum Beispiel gegen Aussiedler genauso polemisieren wie gegen Asylbewerber; das widerspricht allerdings der reinen Lehre eines nationalen Machtstaatsgedankens, in dessen Logik das »deutsche Volk« möglichst stark sein muß. Bisher scheint im rechten Sektenwesen allein Franz Schönhuber diese Probleme einigermaßen begriffen zu haben; aber er geht auf die Siebzig zu, scheint durch wilde Auseinandersetzungen im eigenen Lager ermüdet und bietet als früherer Angehöriger der Waffen-SS weit mehr Angriffsflächen als ein Jungstar wie Jörg Haider aus Österreich. Die Stärke der demokratischen Parteien des wiedervereinigten Deutschlands lag in den vergangenen drei Jahren vermutlich weniger in der Konzeption und Konsequenz des eigenen Handelns als im Mangel an überzeugenden »Führern« auf der rechtspopulistischen und rechtsextremen Seite. Man darf sich nicht allzu sehr in der Sicherheit wiegen, daß dieser Mangel von den Rechtsparteien niemals behoben werden kann.

Es ist nicht gesagt, daß diese gesamte Entwicklung das politische Spektrum Deutschlands nach rechts verschieben muß; eine entschlossene Politik der Modernisierer in der CDU/CSU, gemeinsam mit Liberalen, Sozialdemokraten und Grünen, könnte das verhindern.

Bisher macht die politische Klasse Deutschlands allerdings nicht den Eindruck, als ob sie die Herausforderung, die in dieser Entwicklung steckt, voll und ganz begriffen hätte.

Deutscher Streit V

Glotz: »Wie wollen Sie die Menschen beim geläuterten Patriotismus anhalten, wenn gleichzeitig ›Republikaner‹ einen neuen Nationalismus propagieren?«

Schönhuber: »Das sagen Sie, Herr Glotz, neuen Nationalismus.«

Glotz: »Ich halte den Nationalismus für die größte Gefahr für Europa, und zwar nicht vor allem in der Bundesrepublik zuerst einmal, sondern den Nationalismus, der jetzt hochkommt, nachdem in Osteuropa der Deckel des Marxismus-Leninismus hochgehoben wird. Ich meine damit die Konflikte, die zwischen Bulgaren und türkischen Minderheiten stattfinden, ich meine die Konflikte zwischen Serben und Albanern und selbstverständlich auch das, was in Irland oder im Baskenland stattfindet.«

Schönhuber: »Oder im Baltikum.«

Glotz: »Oder im Baltikum – das ist die große Gefahr für das zukünftige Europa. Und dies wird jetzt ergänzt durch einen neuen Nationalismus auch in unserem Land, das eigentlich seit vierzig Jahren sehr vorsichtig und sehr zurückhaltend war. Gegen Patriotismus habe ich nichts, ich würde noch das Wort Verfassung hinzufügen. Verfassungspatriotismus ist notwendig und bezieht sich im übrigen auf die Bundesrepublik Deutschland. Was Sie wieder versuchen, ist das Aufkochen der alten protestantisch-kleindeutschen Gefühle, die es in Deutschland immer gegeben hat.«

Schönhuber: »Herr Glotz, hier trennen sich unsere Wege. Ich bejahe den Nationalstaat. Ich halte hier für eine der größten Figuren unserer Geschichte Herder, dem übrigens die Tschechen ihren Nationalstaat mit verdanken, aus dem Satz heraus, Völker sind Gedanken Gottes. Und Gott kann ja bekanntlich nicht im zwanzigsten Jahrhundert plötzlich so gottlos geworden sein. Ich unterstelle Ihnen, daß Ihr Denken aus Ihrer Sicht heraus das Beste für unser Volk will, aber unterstellen Sie mir bitte auch, daß ich das gleiche will, nur auf einem anderen Wege. Was jetzt kommt, ist, daß die Sowjetunion geradezu ein Exempel für meine These sein wird, daß die Nationen ihr Selbstbewußtsein zeigen.«

Glotz: »Es gibt das berühmte Beispiel, das die Konservativen so sehr lieben, nämlich daß Adenauer nicht ins Volk hineingehorcht hat, ob das Volk 1951 eine Bundeswehr wollte, sondern gesagt hat, diese Politik der Westintegration ist notwendig, und sie durchgesetzt hat.«

Schönhuber: »Halten Sie das für gut?«

Glotz: »Ich glaube, daß politische Führung auch in der Demokratie notwendig und nationalistisch-demagogische Leidenschaften schädlich sind.«

Schönhuber: »Nationale!«

Glotz: »Leidenschaften!«

Schönhuber: »Sagten Sie das Wort ›nationalistisch‹ nicht? Ich bin kein Nationalist!«

Glotz: »Ich sage ›nationalistisch‹, weil ich glaube, was immer Sie als Person sein mögen, daß Sie mit Ihren Reden in der Olympiahalle in München oder auch in der Inntalhalle in Rosenheim nationalistische Leidenschaften hochpuschen, was immer Sie jetzt sagen, was Sie wünschen, nachdem wir uns hier in einer Atmosphäre mit weniger als achttausend Menschen befinden.«

Schönhuber: »Was teilweise angenehmer ist...«

Glotz: »Und auch aus diesem Grunde sage ich: Keine europäische Architektur, wie immer sie aussieht, würde es aushalten, daß der wirtschaftlich stärkste Staat der EG und der wirtschaftlich stärkste Staat dieser halbkaputten Comecon oder RGW sich vereinigten. Ich will Ihnen überhaupt nicht bestreiten, es wird, weniger in der Bundesrepublik, aber insbesondere in der DDR, Menschen geben, die das wünschen. Und ich kann diesen Wunsch voll und ganz verstehen, weil sie frei sein möchten. Das möchte ich auch, daß sie dies sind. Und sie möchten im selben Wohlstand leben wie wir in der Bundesrepublik, und dafür habe ich auch volles Verständnis. Ich bin bereit, dafür einzutreten, daß wir in der Bundesrepublik Opfer bringen, damit dies erreicht wird. Aber eine Politik, die die Architektur Europas zerstört oder jedenfalls zukünftige Architektur verunmöglicht, die halte ich für falsch, auch wenn es Menschen gibt, die das wollen.«

Schönhuber: »Ich meinte ja folgendes: Die Frage der Nationalstaatlichkeit ist nicht eine Frage des Magens, sondern des Selbstbewußtseins. Es ist ein Faktum, daß nationalstaatliche Bestrebungen nicht nur in Osteuropa vorhanden sind und an Dynamik zulegen.«

Glotz: »Und meine Antwort sind Volksgruppenrechte und Minderheitenrechte, und zwar radikal...«

Neonationalismus

Diese objektive »Lage« begünstigt einen »neuen Nationalismus« – mit dem innenpolitischen Motiv »ethnische Reinheit« (jedenfalls: sowenig Mischung wie möglich) und dem außenpolitischen Motiv: Wiedervereinigung oder, schärfer gefaßt: »Deutschland innerhalb seiner geschichtlichen Grenzen«. Wer einen solchen Diskurs mehrheitsfähig machen will, bescheidener ausgedrückt: wer jedenfalls versuchen möchte, über ein schmales Segment des Wählermarktes zwischen fünf und sieben Prozent hinauszukommen und den »populistischen Moment« zu überdauern (also mehr zu erreichen als beispielsweise die NPD), der muß über das simple Sprachspiel der plebejischen Empörung hinaus. Mit dem Satz, der Fahrkartenschalter nach Canossa sei ab sofort geschlossen, kann man zweitausend Leute in einer Bierhalle zum Kochen bringen. Es ist für politische Parteien nützlich, Agitatoren zu haben, denen solche Sätze einfallen und die sie im richtigen Tonfall unter die Leute bringen. Aber »Macht« haben sie damit noch nicht.

Die bekommt nur, wer an vielen Ecken und Enden des komplizierten Befestigungssystems der zivilen Gesellschaft seine Leute hat; wer also neuartige Berührungsflächen schafft, Außenseiter von anderen Lagern für sich gewinnt, in die unterschiedlichen Eliten (zum Beispiel Kultur, Wirtschaft, Wissenschaft) vordringt und die eingeübte politische Geographie (ganz rechts, rechts, Mitte, links, ganz links) durcheinanderbringt. Das ist Schönhuber bisher nicht gelungen. Er hat es – abgesehen davon, daß er in jeder Rede Herder zitiert – noch nicht einmal versucht. Aber man sollte sich nicht zu fest darauf verlassen, daß er genauso sturmfest, erdverwachsen und phantasielos ist wie die altrechte Heldengalerie von Thadden bis zu Mußgnug und Frey.

Für den Diskurs eines neuen Nationalismus steht nämlich durchaus ein Fundus von Ideen bereit. Er stammt von der »Neuen Rechten«, noch präziser gesagt: vom »nationalrevolutionären« Lager. Die »politische Theorie«, an der hier gedrechselt wird, ist noch keineswegs geschlossen; wie bei allen Sekten bekämpfen sich die Protagonisten bissig und ohne Nachsicht. Aber sie ist keineswegs einfach ein billiger Abklatsch nationalsozialistischer oder faschistischer Ideologiebildung. Was sich hier entwickelt, ist weit gefährlicher: eine Mischung von kalter Analyse, zynischer Zivilisationskritik und jenem Überschuß an antibürgerlichem Elitismus, der in Deutschland immer wieder – gerade in der jungen Generation – Anhänger gefunden hat.

Für diese Leute ist der alte Konservativismus tot, tot seit Mitte der zwanziger Jahre. Sie berufen sich auf die »konservative Revolution«, auf die Maxime Moeller van den Brucks: »Man will Dinge *schaffen, deren Erhaltung* sich lohnt.« Die Ideologiebildungen in der CDU/CSU und den von ihr aufgesogenen rechtsbürgerlichen Parteien tun sie als Gärtner-Konservativismus, Demuts-Konservativismus oder Wiedergutmachungs-Konservativismus ab.

Das ist die Schule, die von Vico, Pareto und Georges Sorel herkommt, aber auch Max Weber ausschlachtet und den eigenen Katechismus breit geistesgeschichtlich und empirisch absichert: von der Soziobiologie bis zur Ethnologie, von der Bevölkerungswissenschaft bis zur postmodernen Kritik an der »palavernden Aufklärung«. Noch publiziert man in kleinen Verlagen, die Bublies, Sinus oder Hohenrain heißen. Aber es wäre falsch, an der Schwelle zu den neunziger Jahren so zu tun, als ob die radikale Rechte in Deutschland auch heute noch nur aus obskuren Rassisten und stammelnden Volksgemeinschaftsideologen bestünde. Die gemäßigte Rechte der

Bundesrepublik, die – von den sehr eigenwilligen, sehr selbständigen Carl-Schmitt-Schülern Rüdiger Altmann und Johannes Gross abgesehen – kaum über intellektuelle Köpfe verfügt und darauf (wie man am Schicksal Hans Maiers und Kurt Biedenkopfs sehen kann) auch noch stolz ist, muß gewaltig aufpassen, daß ihr da nicht irgendwann viel Wasser abgegraben wird.

Und auch die Linke sollte nicht so tun, als ob es überflüssig wäre, ihr Projekt eines neuen, multikulturellen Europa sehr sorgfältig abzusichern. Wer das noch nicht begriffen hat, dem sind Exerzitien zu empfehlen: die Lektüre von Martin Walser, Peter Schneider oder Hermann-Peter Piwitt, Gespräche mit Oppositionellen, die unter dem Schutz der evangelischen Kirche in der DDR existieren, oder eine Rundreise bei den intellektuellen Wortführern der regionalistischen Bewegungen in Westeuropa. Ich fürchte, daß sich im nächsten Jahrzehnt zeigen wird, daß ein paar Ideen, die wir längst für tot hielten, noch ziemlich lebendig sind. An die Stelle von Taktiererei und hilfloser Faschismusbeschwörung muß eine präzise intellektuelle Auseinandersetzung treten.

Die ideologischen Rechtfertigungen, auf die sich der neonationalistische Diskurs beziehen könnte, ließen sich an verschiedenen Autoren exemplifizieren: an dem aus der Schweiz stammenden, in München lebenden Intellektuellen Armin Mohler, als junger Mann glühender Nationalsozialist, später Sekretär Ernst Jüngers, gelegentlicher Berater von Franz Josef Strauß und geschickter Arrangeur der Neuen Rechten in seiner langjährigen Tätigkeit als Geschäftsführer der einflußreichen Siemens-Stiftung; an dem Historiker Hellmut Diwald, den Politikwissenschaftlern Hans-Joachim Arndt oder Bernard Willms, dem von der marxistischen Linken zur radikalen Rechten umgeschwenkten Frankfurter Intellektuellen Günther Maschke und manchen anderen.

Ich wähle bewußt drei einer breiteren Öffentlichkeit kaum bekannte Jungkonservative oder »neurechte« Intellektuelle aus: Henning Eichberg, Hans-Dietrich Sander und Robert Hepp. Ihre Arbeiten zielen genau auf die beiden Hauptthesen des Neonationalismus: nationale Identität und ethnische Reinheit.

Befreiungsnationalismus

Henning Eichberg, 1942 in Schlesien geboren, zuerst geflüchtet in die DDR, dann aus der DDR in die Bundesrepublik, arbeitet heute als Kultursoziologe an der Universität Kopenhagen. Er hatte in den sechziger Jahren eine eindeutige rechtsradikale Vergangenheit, war dazwischen auch einige Jahre lang Mitglied der CDU und ist heute *der* Autor der Neuen Rechten, der am tiefsten in das Publikationsnetz der Linken eingedrungen ist. Eichbergs Konzept ist die Verankerung des Nationalismus in den neuen sozialen Bewegungen. In zwei besonders wichtigen Publikationen, dem Buch »Nationale Identität« aus dem Jahr 1978 und einer Aufsatzsammlung, die 1987 unter dem Titel »Abkoppelung – Nachdenken über die neue deutsche Frage« erschien, hat er sein Konzept des Ethnopluralismus dargelegt.

Man kann nicht bestreiten, daß sich sein durchaus revolutionär gemeinter Kampf gegen den Universalismus mit einem klaren Blick für die Realitäten verbindet. Schon 1978 steht bei ihm der Satz: »Multinationale Großreiche wie die USA und die Sowjetunion sehen sich bedroht.« Das war zu einer Zeit, als Breschnew die Sowjetunion fest und zentralistisch in der Hand hatte und die europäische Linke sich für Letten, Litauer, Estländer oder auch Georgier in keiner Weise interessierte.

Eichbergs ethnopluralistischer Denkansatz kommt sozusagen »von unten«, nicht von oben. Er denkt nicht

vom Staat her wie die meisten Rechten, sondern vom
»Volk«. Deswegen unterscheidet er auch zwischen
Staatsnationalismus und »volklichem« Nationalismus. Er
knüpft zuerst einmal bei den rebellischen Widerstands-
kräften nationaler Minderheiten an, beim Kampf der
Bretonen oder der Iren, der Basken oder Katalanen, der
Korsen oder Okzitanier, der Frankokanadier, der Balten
oder der Kurden.

Man erinnert sich, daß rechtsradikale Zirkel in den
siebziger Jahren ihre Ideen durch eine Unterstützung des
Kampfes der nordirischen Untergrundbewegung IRA
befördern wollten. So argumentiert auch Eichberg,
wenigstens in seinem ersten Buch. Er glorifiziert Figuren
des – wie er es nennt – »befreiungsnationalistischen
Republikanismus« wie beispielsweise die Irin Berna-
dette Devlin und versucht auf diese Weise, die Energien
und die Radikalität von Organisationen wie der baskischen ETA, von Sinn Féin oder von national-kommuni-
stischen Tendenzen aus der Sowjetunion auch auf die
deutsche Situation zu übertragen. Auf diese Weise will er
die »sezessionistische, nämlich antiimperialistische und
blocksprengende Funktion des Deutschlandproblems«
bewußtmachen.

Dabei meint Eichberg, was er sagt; sein »Antiimperialismus« wendet sich gegen die Vereinigten Staaten
genauso scharf wie gegen die Sowjetunion. Hier unterscheidet er sich vom Antikommunismus der alten Rechten radikalerer und gemäßigterer Art, der davon ausging
und davon ausgeht, im Zweiten Weltkrieg sei das »falsche
Schwein geschlachtet« worden. Eichberg kämpft gegen
die Cola-Wodka-Kultur, also gegen die Zerstörung der
nationalen Vielfalt Europas durch multinationale Super-
mächte. Dabei verwendet er durchaus richtige Argumente sehr geschickt; zum Beispiel bei der Kritik unsinniger
und brutaler Kolonisierungsvorhaben, im neunzehnten

Jahrhundert gegen die Indianer in den Vereinigten Staaten und noch heute gegen die Eskimos in Kanada.

Eichberg argumentiert konsequent antikapitalistisch – gegen die »massakrierenden Konzerne«, die die kulturelle Identität kleiner Völker vorgeblich zerstören und einebnen. Die Idee, daß man (zum Beispiel in einer Europäischen Gemeinschaft) supranationale Strukturen sehr wohl mit der Wahrung der kulturellen und sprachlichen Identität von Minderheiten und kleinen Völkern verbinden kann, kommt ihm dabei an keiner Stelle.

Eichberg drückt sich in seinen neueren Arbeiten vorsichtiger aus als in dem Buch von 1978. Jetzt plädiert er für »Abkoppelung«, für eine Balkanisierung Europas. Heute will er einen gesamtdeutschen Separatismus, der »die von den Supermächten besetzten Teile des deutschen Volkes aus den entfremdeten Multisystemen herausbricht und die kleinere Einheit schafft, die Demokratie erst möglich macht: Deutschland«.

Aber was für ein Deutschland ist das?

»Die deutsche Nation zu schaffen, das heißt Dezentralisierung, weg von den Hauptquartieren der Wodka-Cola, Abfall von den Metropolen. Deutscher Nationalismus heißt: Erkennen, daß wir selbst eine Minderheit sind, die mit dem inneren Kolonialismus, mit der Entfremdung in den eigenen Gehirnen zu kämpfen hat wie die Basken und Indianer. Entkolonialisierung, also Abkoppelung. Nicht mehr der BRD-Bürger sein mit amerikanisierter Sprache und mit ITT-Bewußtsein – sondern deutsche Identität, das ist ein Schritt zur Balkanisierung für jedermann.«

Das führt allerdings keineswegs zur Aufgabe der Idee einer Wiedervereinigung; genauer gesagt: der Idee eines »Deutschlands«, zu dem alle Deutschen gehören. Nicht die territoriale Größe, sagt Henning Eichberg, mache aus einem Staat einen Klein- oder Großstaat. Wenn die

Deutschen erst ihren Imperialismus aufgäben und aufhörten, die »Nationale Volksarmee« nach Afrika und den Siemens-Konzern nach Indien zu schicken, dann könne die großdeutsche Nation »kleiner« sein als die beiden deutschen »Blockstaaten«.

Der Mann argumentiert vollständig anders, als es die alte Rechte getan hat, nicht mit machtstaatlichem Anspruch, nicht mit historischer Größe, sondern mit Begriffen der kulturellen Vielfalt, der Dezentralisierung, einer sanften Technik. Aber er kommt zum gleichen Ergebnis, zu dem die Nationalisten immer gekommen sind: Das ganze Deutschland muß es sein. Eichbergs Identitätsbegriff, mit dem er gegen »multinationale Imperialismen« losrennt, wirkt sanft, ja geradezu pazifistisch. Wozu er genutzt werden kann, kann man in der Geschichte und Gegenwart Mitteleuropas studieren.

Souveränität

Hans-Dietrich Sander entwirft die Nation nicht vom Volk aus, sondern vom Staat. Er ist ein Schmittianer; er denkt von der Souveränität, vom Ausnahmezustand her. Er ist »Staatsnationalist«. Aber auch bei ihm spielt die Identität die entscheidende Rolle. »Redet Euch nicht ein«, zitiert er Giuseppe Mazzini, einen der Heroen der italienischen Einigung, »Ihr könntet Euch von ungerechten sozialen Bedingungen befreien, bevor Ihr ein eigenes Land gewinnt. Laßt Euch nicht verführen von der Idee, Eure materiellen Bedingungen zu verbessern, ohne erst die nationale Frage zu lösen.«

Sander ist hin- und hergegangen zwischen den beiden deutschen Staaten. 1928 in Mecklenburg geboren, geriet er Ende der vierziger Jahre (während eines Studiums in West-Berlin) unter den Einfluß Bertolt Brechts. Er wechselte nach Ost-Berlin, war dort Dramaturg und Regieassistent. Im Dezember 1957 »übersiedelt« er erneut: von Ost-Berlin nach Hamburg. Sander war lange bei der *Welt* tätig – Hans Zehrer, der mit seiner Zeitschrift *Die Tat* zur konservativen Revolution der Weimarer Republik gehört hatte, hat ihn geschützt. Seit 1970 ist Sander »freier Journalist«; man kann auch sagen nationaler oder nationalistischer Dissident in der Bundesrepublik. Sein Credo lautet: »Wer klar in die Welt sieht, weiß, daß ein großes Volk nur dann etwas bedeuten und schaffen kann, wenn es Macht hat.« Deutschland sei alles andere als verbraucht; das sehe man schon an den großen Erfolgen der beiden Besiegten des Zweiten Weltkriegs, der Bundesrepublik und Japan.

Sanders Buch ist hochmütig, aggressiv, in vielen Passagen auch ganz und gar verantwortungslos; der Mann formuliert zwar nicht wie ein Nazi, aber wie ein Alldeutscher im Jahr 1915, der die deutschen Kriegsziele memoriert. Aber auch hier, neben der Pose des »stolzen Deutschen«, finden sich eine seltsame Nüchternheit in der Beurteilung machtpolitischer Gegebenheiten – zum Beispiel in der Sowjetunion, die er 1980 so beschrieb, wie viele Ostexperten sie heute beschreiben würden – und auch eine bei der alten Rechten ganz unbekannte Sensibilität. Sander nimmt die Umwelt, in der er lebt, wahr; auch Leute, die anders sind als er. Wie er Rudi Dutschke oder den Filmregisseur Hans-Jürgen Syberberg in Anspruch nimmt, zeigt, daß er weiß, daß man »Berührungsflächen« schaffen muß, wenn man Erfolg haben will.

Sander gehört nicht der »Rapallo-Fraktion« der Rechten an. Er will sein »Deutschland« gegen die Sowjetunion wiederherstellen. Die Deutschen hätten den Krieg, die Alliierten aber den Frieden verloren:

»Nach der gegenwärtigen Lage und ihren Prämissen ist klar, daß nur die Bundesrepublik Deutschland sich mit den westlichen Alliierten über den klärenden und konstituierenden Verzicht auf den Friedensvertrag verständigen kann. Sie ist innerhalb der militärischen und wirtschaftlichen Bündnisse stark genug, um gegebenenfalls unter Druck durchzusetzen, daß die Überreste der Besatzungsstatute und die Regelungen, die mit dem Vorbehalt des Friedensvertrags zusammenhängen, ersatzlos gestrichen werden. Die deutsche Frage samt Wiedervereinigung ist dann primär eine deutsche Angelegenheit, und sie wird erst als eine deutsche Angelegenheit die gefesselte politische Phantasie der Deutschen entbinden. Es sind dann eine Reihe schwieriger Aufgaben zu bewältigen, aber es sind dies auch stimulierende Anforderungen, wie sie eine entpolitisierte, saturierte Industriegesellschaft nicht mehr stellt. Es werden dann auch die unter welchem Namen immer verbliebenen Besatzungstruppen abgezogen werden müssen. Ausländischen Verbänden, die für die Stabilität des Bündnisses, an dem nicht gerüttelt werden soll, noch notwendig sind, ist ein anderer Status unter veränderten Rechten und veränderten Bedingungen zu geben. Sie sind jedoch nach und nach durch verstärkte deutsche Kräfte mit voller atomarer Bewaffnung zu ersetzen.«

Auch hier der Versuch, Gefühle, die derzeit auf der Linken vagabundieren, zu binden. Gleichzeitig allerdings zelebriert Sander seinen Carl Schmitt und dessen Idee, Politik entstehe aus der Unterscheidung von Freund und Feind, mit einer Radikalität, die jeden, der die europäische Geschichte des zwanzigsten Jahrhunderts in sich aufgenommen hat, erschauern lassen muß. Sander empfiehlt, »fesselnde Verträge« zu brechen, und konzipiert ein »Viertes Reich«, als befände er sich am Kabinettstisch eines deutschen Mittelstaates vor dem Jahr 1870. Die Tonart, in der er über die »Remigranten« Brandt und Wehner spricht, ist von der hundsföttischen Art, die nur ein Renegat über sich bringt.

Man könnte über diesen »nationalen Dissidenten« achselzuckend hinweggehen, wenn nicht ein bestimmter Ton aufmerksam machen würde – ein Ton, der junge Deutsche in der Geschichte immer wieder beeindruckt hat. Konsequent, hochmütig und rücksichtslos – der Kompromiß wird der Verachtung preisgegeben. Mit den »feigen fetten Fritzen der Wohlstandsgesellschaft« will Sander nichts zu tun haben. Das bringt ihn Gott sei Dank in einen unversöhnlichen Gegensatz zur großen Mehrheit der Bürger der Bundesrepublik Deutschland. Was verhütet werden muß, ist, daß diese stilisierte Einsamkeit, diese Kleistsche Radikalität wieder Anhänger findet. Schon ein paar Tausend wären zuviel für die zivile, parlamentarische Bundesrepublik. »Deutsche Geschichte besteht aus fehlgeschlagenen Versuchen zur Souveränität« (Kluge/Negt). Das muß hoffentlich nicht ewig so weitergehen.

Pronatalistische Bevölkerungspolitik

Während Eichberg und Sander zwei unterschiedliche Varianten der Begründung des Nationalismus nach außen bieten, nimmt sich Robert Hepp, geboren 1938, Professor für Soziologie an der Universität Osnabrück (Arbeitsschwerpunkte: Kultursoziologie, politische Soziologie, historische Demographie), das zweite Element des Neonationalismus, das derzeit (noch) erfolgsträchtigere, vor: die Einwanderungspolitik, die »Ausländerfrage«. Mit einem beeindruckenden Zahlenapparat und fünfhundertzweiundzwanzig detaillierten Anmerkungen weist er nach, daß die Bundesrepublik das einzige Land der Erde ist, dessen einheimische Bevölkerung bereits effektiv zurückgeht, während die aller anderen Länder, wenn auch in unterschiedlichem Tempo, noch wächst. Wenn man der Entwicklung ihren Lauf lasse, werde sich die deutsche Bevölkerung der Bundesrepublik bis zum Jahr 2050 halbiert haben, während die Industrieländer in Ost und West durchschnittlich immerhin um ein Viertel zugenommen haben würden. Hepps Folgerung: »Ohne Zuwanderung (gemeint ist: von Nichtdeutschen) wären wir anno 2050 etwa bei demselben Bevölkerungsstand angelangt wie Sambia oder Niger, Zwergstaaten, die heute sechs Millionen Einwohner haben.«

Nun könnte man schon Hepps Prognosemodell in Zweifel ziehen. Was ist, wenn weiterhin viele deutsche Aussiedler aus Osteuropa kommen? Wie wird sich die deutsch-deutsche Fluchtbewegung auf die Bevölkerungsentwicklung der Bundesrepublik auswirken? Allerdings trifft man mit solchen »empirischen« Gegenargumenten nicht den Kern der neurechten Ideologie. Der liegt »tiefer« – im Haß auf den Liberalismus und einem »ethnischen« Identitätsbegriff. Hepps Schrift lebt vom Pathos der Institutionen und der Verachtung des persönlichen Glücks. Der Liberalismus ist ihm die »Gesinnung der Gesinnungslosigkeit«; er verzichte auf »Diskriminierung«, weil er nichts mehr unterscheiden könne. Für eine »pronatalistische« Bevölkerungspolitik, die Geburten systematisch fördere, müsse man eben in die »Privatsphäre« der Bürger eingreifen, wenn es das »generative Gemeinwohl« erfordere.

Das ist die berühmte Denkfigur, die man schon bei Arnold Gehlen findet: die heimliche Bewunderung, die Konservative für einen brutal ins Privatleben der Bürger eingreifenden Staat wie die UdSSR hegen. Die Sitten – so die Attitüde dieser Konservativen – sind im Westen im vollen Verfall; und die weichlichen Christdemokraten sind daran genauso schuld wie die Sozialisten. Auch hier die Verachtung von »Freiheit«, »Sicherheit« und »sozialem Status«. Die Deutschen in der Bundesrepublik (nicht in der DDR) stünden vor dem »Genosuizid«, also dem Volks-Selbstmord, die »Befreiten von 1945« (Hepp schreibt das in Anführungsstrichen) würden sich Schritt für Schritt von sich selber befreien.

Hepps Analyse: »Man mag es drehen und wenden, wie man will: Letzten Endes kann ein über Jahrzehnte andauernder Bevölkerungsrückgang, der laufend durch Einwanderer kompensiert werden muß, zu gar keinem anderen Ergebnis führen als zum biologischen und kulturellen Untergang des betroffenen Volkes. Der ›Volkstod‹ in der Form ›wachsender Überfremdung‹ ist die notwendige Folge des selbstmörderischen Geburtenrückgangs der Deutschen. Wenn wir nach dem Jahr 2020 die zwölf Millionen Flüchtlinge und Vertriebenen ausgeschieden haben werden, die wir bis 1964 im engen Raum der Bundesrepublik aufnehmen mußten, damit in Ostmitteleuropa die ›ethnische Homogenität‹ hergestellt werden konnte, wird in diesem Land vermutlich ein ethnisch und kulturell recht buntes Völkchen leben. Dieses Völkchen mag noch dieselbe Flagge zeigen und sogar das Deutschland-Lied singen, es wird insgesamt doch eine andere ›Legierung‹ darstellen. Die ›deutsche Frage‹ wäre dann auch im biologischen und kulturellen Sinn gelöst.«

Man kann die besonders bizarren Folgerungen (mit dem Rückgang der Bevölkerung verlöre die Bundesrepublik auch den Anspruch auf die Ostgebiete jenseits von Oder und Neiße, da man in absehbarer Zeit ja gar nicht mehr genügend Menschen haben werde, um diese Gebiete zu besiedeln) ruhig auf sich beruhen lassen; die Sorge, daß aus dem Volk ohne Raum ein Raum ohne Volk werden könne, wird nur die kleine feine Gemeinde der Rechtsradikalen wirklich beunruhigen. Sehr viel gefährlicher ist allerdings das Anheizen der Überfremdungsangst. Bei diesem Geschäft spielt der Identitätsbegriff eine zentrale Rolle. Hepp faßt ihn so:

»Das Gerede von der ›multikulturellen Gesellschaft‹ verschleiert die Tatsache, daß die herrschenden Minderheiten bewußt oder unbewußt eine andere Verfassung anvisieren. Der Vielvölkerstaat, auf den ihre Integrationspolitik hinausläuft, würde zwar gewiß den ›Pluralismus‹ der Bundesrepublik ›vollenden‹, aber er wäre sicherlich auch das Ende jeder demokratischen Einheit und Identität ... Die Deutschen stehen also vor der Entscheidung, ob sie künftig in einem demokratischen Staat leben wollen, in dem die regierende Minderheit und die regierte Minderheit bei allen ideologischen und sozialen Unterschieden wenigstens noch zum selben Volk gehören, oder in einer liberalen Menschheitsrepublik, in der sie als Minderheit oder Minderheiten von Minderheiten beherrscht werden, die mit ihnen nicht mehr gemeinsam haben oder haben wollen als mit irgendwelchen Tataren.«

Hepps Identitätsbegriff ist also »ethnisch«. Identität leitet sich sozusagen aus der Erbmasse ab. Natürlich kann – so suggeriert er – eine Mehrheit hin und wieder eine Minderheit »assimilieren«; das verändert dann die »Legierung« des Volks ein wenig; aber die »Substanz« (ein zentraler Begriff der Konservativen) bleibt erhalten. In der Entwicklung dieses Identitätsbegriffs erweist Hepp sich als großer Verdränger. Daß Friedrich der Große in seinem erschöpften, klein gewordenen Preußen hunderttausend Hugenotten aufgenommen und die Juden von vielen Einschränkungen befreit hat, interessiert ihn nicht. Daß es große und sehr erfolgreiche Gesellschaften gibt – wie zum Beispiel die USA –, die keineswegs auf einem homogenen Volk beruhen, sondern auf einer verfaßten Gesellschaft, wird verschwiegen. Amerika – das ist die unausgesprochene, aber im ganzen Text spürbare These – ist eben Einwanderungsland, *melting pot,* Bevölkerungsgulasch. Hepps Identitätsbegriff ist

zwar nicht »rassistisch« (er meidet den Rassebegriff sorgfältig), wohl aber »völkisch« – und irrational.

Auch Hepps Buch gewinnt seine Wirksamkeit durch
die geschickte Vermischung realer Probleme mit fragwürdigen Normen. Das radikale Absinken der Geburten-
rate kann man durchaus für ein Problem halten; allerdings nicht wegen der »unreinen« Legierung, die dann
entsteht, sondern wegen der Folgen, die das für die Infra-
struktur, die Berufsqualifikation, den Altersaufbau und
die soziale Atmosphäre der Gesellschaft hat. Vor allem
kann man auch mit gutem Grund die Gerechtigkeitsfra-
ge stellen: Werden Eltern mehrerer Kinder nicht unzumutbar hoch belastet? Müßte eine Gesellschaft, die alle
möglichen »Belastungen« durch Steuervorteile und
Transferzahlungen ausgleicht, nicht auch die Bereitschaft, Kinder in die Welt zu setzen (und so den Genera-
tionenvertrag am Leben zu halten), stärker belohnen?

Hepp benutzt diese Fragen als Lokomotiven, um die
archaische Last seiner Deutschheit wieder in Fahrt zu
bringen. Die heute polnischen Ostgebiete müssen es sein,
die Nation als natürliche Ordnung, »Deutschland«.

Die eingefleischten Liberalen mögen das alles als
Unsinn abtun, als mystische Quacksalberei. Aber ich
warne vor allzu lockerer Weltbürgerlichkeit. Die Angst
vor dem »Volkstod« sitzt tief; diejenigen Deutschen, die
es aus ökologischen Gründen ganz angenehm finden, daß
ein Volk sich verringert, wo doch so viele andere Völker
sich explosiv vermehren, dürften eine kleine Minderheit
sein. Hepp rührt mit seiner demographischen Kapuziner-
predigt an Tiefenschichten der Volksseele, keineswegs
nur der deutschen; und die Gefahr, daß junge Leute, die
sich von den »Apparaten« der großen Parteien abge-
stoßen fühlen, am zynischen Antiliberalismus und dem
»hohen Ton« der Neuen Rechten Gefallen finden, ist
nicht ganz von der Hand zu weisen.

Vor allem weist Hepp aber auf einen inneren Widerspruch der Politik des derzeit regierenden Blockes hin: Bei den hohen Hürden, die die Bundesrepublik immer noch gegen eine endgültige Einbürgerung von Ausländern aufbaut, bleibt sie eine Art Durchgangsstation. Wir haben viele ausländische Mitbürger im Land; einen bestimmten Prozentsatz auch über zehn, zwanzig oder noch mehr Jahre. Aber die meisten gehen dann irgendwann wieder. Kinder, die bei uns geboren werden, sind ja nicht automatisch Deutsche – wie zum Beispiel in den Vereinigten Staaten. Doppelstaatsangehörigkeiten gibt es nicht; man muß sich zwischen der angestammten und der deutschen entscheiden.

Hepp hat in diesem Punkt recht: Es ist ein Widerspruch, wenn die Bundesregierung einerseits gar nicht daran denkt, eine »pronatalistische« Bevölkerungspolitik zu betreiben, und andererseits die Einwanderung unzumutbar erschwert. Geißler hatte das begriffen – und mußte gehen. Wie lange kann es dauern, bis der Rechtspopulismus diese Fakten aufgenommen hat und zum Gegenstand seiner Agitation macht?

Ich behaupte nicht, daß die Bundesrepublik in einem neuen Nationalismus versinken muß. Die Theoretiker der Neuen Rechten widersprechen sich an vielen Punkten, sie sind sich nicht grün. Eichbergs Antiamerikanismus und Antiimperialismus lassen sich mit Sanders antisowjetischen (und antirussischen) Machtstaatsträumen nicht vereinbaren. Ihnen beiden widerspricht eine Art »Moskau-Fraktion« der Rechten, die mit der Sowjetunion einen geopolitischen Ausgleich sucht. Das Bestreben, die kirchlichen Abtreibungsgegner zu gewinnen, ließe sich zwar mit einer pronatalistischen Bevölkerungs- und einer christlichen Familienpolitik vereinbaren; die Mobilisierung gegen das »Fremde« wird dagegen auf den harten Widerstand der Kirchen treffen. Ob Schönhuber oder irgendein anderer rechtspopulistischer Kondottiere diese auseinanderliegenden Enden zusammenbringt, ob er aus den verstreut herumliegenden Theoriestücken ein logisches Programm formulieren kann, ist völlig offen.

Der regierende Block ist allerdings in einer schwierigen Lage. Kohl hat erneut bewiesen, daß er die stärkste Figur der CDU ist; sein *muddle-through* bietet aber keine Chance für eine Politik mit innerer Logik, also eine Politik, die die geistigen Strömungen der Union zusammenhalten könnte. Der Tod von Strauß hat Kohls Lage nicht etwa erleichtert, sondern erschwert. Die unsicheren Nachfolger sind zwar keine Konkurrenten für den Kanzler; aber es wächst die Gefahr, daß sie immer dann, wenn sie unter Druck geraten, auskeilen.

Die Herausforderungen der Europäisierung Europas sind groß; die Widerstände der erstarkten Fraktion der Nationalstaatler auch. Man weiß zwar, daß die Modernisierer der Union (Weizsäcker, Späth, Biedenkopf, Geißler) viele richtige Ideen haben. Daß die Union aber – als Ganzes – in der Lage sein könnte, an die Stelle des Nationalstaates (und der völkisch verstandenen »nationalen Identität«) die Vision eines demokratisch verfaßten, föderalistischen, multinationalen Europa (mit radikal ausgeformten Volksgruppen- und Minderheitenrechten) zu setzen, ist mehr als unwahrscheinlich. Die geistigen Strömungen der deutschen Rechten, vom alten Adenauer und dem jungen Strauß zu einem vagen Kompromiß zusammengezwungen, streben auseinander.

STATT EINES NACHWORTS

Briefe an einen Freund in Warschau

Im August 1989

Lieber Jacek,

warum mein Ton pessimistischer geworden ist? Sei doch nicht so verdammt sensibel; es ist ja nur eine kleine Unsicherheit in der Stimme, eine winzige Dämpfung bei den Blechbläsern. In der entscheidenden Frage hat sich nichts, aber auch gar nichts geändert: Eine große, sichere Mehrheit der Deutschen in der Bundesrepublik würde eine Politik der Gebietsansprüche an Polen nicht mitmachen. Unsere Ostflüchtlinge leben nicht in Lagern wie die Palästinenser; sie sind eingegliedert, einen militanten Revanchismus gibt es – bisher jedenfalls – nicht.

Die Mehrheit will die »Westverschiebung« Polens nicht rückgängig machen, sie hat überhaupt die Schnauze voll von der Verschiebung von Völkern. Kohl denkt da nicht anders als wir. Und das, was Weizsäcker in seiner Botschaft an Jaruzelski zum fünfzigsten Jahrestag des deutschen Angriffs auf Polen geschrieben hat, das billigen deutlich mehr als fünfzig Prozent unserer Leute. Unter anderem deswegen kann ich auch als Linker heute sagen: Das ist mein Staat. Das war nicht immer so.

Ich bin auch nach wie vor davon überzeugt, daß wir den rechten Populismus unten halten können. Der Schönhuber könnte zwar in den Bundestag kommen; aber dort kann man ihn auf sein Maß zurechtstutzen. Mein unbestimmtes und auch noch ganz unsicheres Empfinden, daß die Witterungsverhältnisse in Europa umschlagen könnten, wird von ganz disparaten Vorgängen ausgelöst.

Es sind so Bilder: wie der Großserbe Milošević vor Hunderttausenden auf dem Amselfeld gegen die Slowe-

157

nen vom Leder zieht; wie abgearbeitete Bauersleute aus den bulgarisch-türkischen Grenzgebieten, Pomaken oder Angehörige der türkischen Minderheit, sich weinend an die Scheibe eines Zugfensters drücken, weil sie auf ihre alten Tage mit ein paar Habseligkeiten in eine ungewisse Zukunft fliehen müssen; eine Mutter im rumänischen Siebenbürgen sich scheu auf der Straße umschaut, weil sie mit ihrem Kind ein Wort ungarisch gesprochen hat; wie ein intelligenter, gutangezogener Student mir im Lichthof der Universität München erklären will, warum der Bombenterror der baskischen ETA gegen eine Regierung wie die von Felipe Gonzales »emanzipatorisch« ist; und wie Leute, die ich als sozusagen normale politische Gegner immer akzeptiert habe, plötzlich Worte wie »Bevölkerungsgulasch« oder »durchrasst« benutzen. Und Dir kann ich's ja sagen: Manchmal blättere ich auch ziemlich fassungslos in den (vielleicht schlechten) Übersetzungen, die mir aus Deiner Gegend auf den Tisch kommen: von einer »Union des modernen Humanismus«, einer »Bewegung Junges Polen«, einer Zeitschrift, die – wenn ich das richtig schreibe – *Polityca Polska* heißt, und so weiter. Sogar der Primas sagt manchmal seltsame Sachen.

Nicht, daß ich nicht verstünde, was da vor sich geht. Im Westen zerschlägt die kapitalistische Europäisierung – die ja sehr erfolgreich ist – im unteren Drittel der verschiedenen Gesellschaften viele Existenzen; das erzeugt Bitterkeit. Und im Osten erweist sich, daß es Unsinn war, wenn der Marxismus sich einbildete, daß unter seiner Herrschaft die nationalen Fragen erledigt würden. Also entsteht ein Bruch. Die Jalta-Welt löst sich auf. Aber was für Figuren, was für Ideen werden aus dieser Auflösung hervortreten?

Da habe ich eben neuerdings das unangenehme Gefühl, daß Europa sich wieder in seiner dunklen und gewaltsamen Geschichte verstrickt. Ich Idiot habe geglaubt, daß alles ganz klar sei: Wir schaffen ein Europa von mehreren »Vielvölkerstaaten«, die in den entscheidenden ökonomischen und internationalen Fragen supranational regiert werden, im übrigen aber föderalistisch sind. Also: unterschiedliche Völker leben auf dem gleichen Staatsgebiet zusammen und haben radikal ausgebaute Minderheiten- und Volksgruppenrechte. Keine Kriege mehr, keine Vertreibung, keine Zwangsassimilation, keine Lager mit Gasöfen. Und die Deutschen, die den Nationalismus am schlimmsten übertrieben haben, gehen voran. Aber offensichtlich war das ein Traum, eine »Reißbrettidee«, wie Du mit Deinem katholischen Sündenbewußtsein sagen würdest. Sündenbewußtsein – Du bist mir ein schöner Kommunist, Jacek. Aber ich fürchte, Du hast recht.

Irgendwie muß ich mir eingebildet haben, die Deutschen hätten das verfluchte nationale Prinzip sozusagen stellvertretend zu Ende gelebt. Inzwischen beginne ich zu fürchten, daß ich einer generationsspezifischen Halluzination aufgesessen bin. Ich kann mich noch erinnern, wie ich als Kind im Keller eines Mietshauses in der Schanzstraße in Eger saß, die Engländer bombardierten die Stadt. Nach jedem Donnerschlag fragte ich meine Mutter: »Ist das unser Haus?« Und die feiste, sonst herrschsüchtige Hausbesitzerin, der ein großes Möbelgeschäft gehörte, hatte sich unter einen Waschtrog gerettet und betete laut.

Du hast viel schlimmere Erinnerungen aus dem Aufstand der Heimatarmee 1944; da mußt Du elf oder zwölf gewesen sein. Mit uns beiden machen sie keinen Nationalismus mehr. Aber was ist mit den anderen? Den Jüngeren?

Nicht daß Du glaubst, ich wollte jetzt diesen gepflegten elegischen Ton anschlagen, der in der deutschen Linken so beliebt ist: schmerzliche, wissende Resignation. Nix Resignation. Wir müssen halt kämpfen. Ich hätte gedacht, daß wir weiter sind; daß wir die Ideen von Nationalstaat und ethnischer Reinheit endgültig hinter uns haben. Das scheint falsch gewesen zu sein. Also müssen wir uns unserer Bündnispartner versichern und den imaginären Helm fester binden. (Wobei mich im übrigen sehr beruhigt, daß die Wirtschaft diesmal auf unserer Seite steht – Du siehst, ein kleiner Rest Marxismus bleibt selbst bei einem reformistischen Sozialdemokraten übrig.)

Wir müssen erstens den Mystizismus bekämpfen, der immer noch aus dem Begriff der Nation herauswabert. Selbst mein Landsmann Martin Walser, ein aufklärerischer, des Revanchismus völlig unverdächtiger Schriftsteller mit einem bedeutenden Lebenswerk, hat so schreckliche Sätze aufgeschrieben wie diesen: »Die Nation ist im Menschenmaß das mächtigste geschichtliche Vorkommen, bis jetzt.« Er irrt.

Die Nation ist eine rund zweihundert Jahre alte europäische Idee, die im Westen des Kontinents einigermaßen erfolgreich war, in der Mitte und im Osten aber nur Mord und Totschlag hervorgerufen hat. Es gibt weder ein Naturrecht noch einen unwiderstehlichen »Drang« danach, daß alle Menschen, die die gleiche Sprache sprechen und eine vergleichbare Geschichte haben, in einem Staatsgebilde zusammenleben müssen. Man muß es nicht so furztrocken ausdrücken wie mein grün-österreichischer Freund Günther Nenning. Der hat gesagt: »Sperrt man ein Volk oder ein paar Völker lang genug zusammen in ein Stück Landes mit halbwegs fixem Gebiet und fixen Grenzen, wird daraus nolens volens eine Nation.«

Das ist für die romantischen Reichsdeutschen und die romantischen Polen (und die romantischen Franzosen) zu desillusionierend. Aber auf einem muß man bestehen:

Nicht nur der »Nationalismus«, also die hysterische Übersteigerung des nationalen Prinzips, ist von Übel. Das Prinzip selber, die Vorstellung, daß die ideale Strukturierung der Menschheit darin zu bestehen hätte, daß eine jede Nation ihren Staat haben muß, war schon unpraktisch (und in der Konsequenz dann mörderisch).

Denn die Menschheit läßt sich halt nicht fein säuberlich, wie auf einem Schachbrett, in Nationen aufgliedern. Das Pack lebt nebeneinander, miteinander, übereinander, und es vermischt sich sogar. Was für ein Anreiz für die Großpolitiker, die Völker herumzuschieben! Was für ein Anreiz vor allem für die »nationale Purifizierung« – das schrecklichste Wort, das ich überhaupt kenne. Wie viele Menschen sind allein im zwanzigsten Jahrhundert umgesiedelt, rückgesiedelt, vertrieben, »umgevolkt«, verschleppt oder »eingedeutscht« worden; nach dem Zweiten Weltkrieg allein zwanzig Millionen in Europa: Polen, Tschechen, Slowaken, Ukrainer, Weißrussen, Litauer, Ungarn und vierzehn Millionen Deutsche. »Bevölkerungstransfer« nennen das die Diplomaten. Es muß endlich und endgültig Schluß damit sein.

Denn dem Nationalismus nach außen entspricht immer ein Nationalismus nach innen. Weißt Du, wie der Bochumer Polizeipräsident 1909 die systematische Überwachung der Ruhrpolen begründet hat? Mit der »sittlichen Überlegenheit des Deutschtums«. Das war natürlich kein Nationalist, das war nur ein nationaler Mann; und es war dreißig Jahre, bevor Hitler seine Mordmaschinerie anlaufen ließ.

Und heute? Wenn an blankgescheuerten Stammtischen, in Chippendale-Wohnzimmern oder beim Umtrunk nach der Treibjagd von tamilischen »Asylanten«, polnischen Aussiedlern oder türkischen Arbeitern die Rede ist, wird die sittliche Überlegenheit des Deutschtums immer noch stillschweigend vorausgesetzt.

Oder die sittliche Überlegenheit des Serben gegenüber dem Albaner, des Rumänen gegenüber dem Ungarn, des Polen gegenüber dem Juden und so weiter, und so weiter.

Jetzt habe ich mich gehenlassen, entschuldige. Ich wollte Dir ja eigentlich nur danken, daß Du Dir die Fahnen der »Deutschen Rechten« angesehen hast. Deine Fragezeichen und Striche sind sorgfältig verarbeitet.

Du hast mich noch gefragt, ob die Linke »gerüstet« sei. So ganz genau weiß man das ja nie. Immerhin gibt es seit vier oder fünf Jahren ein paar Versuche, die nationale Verkapselung zu durchbrechen und eine europäische Linke zu schaffen; bei uns in der Bundesrepublik, in Italien (um Occhetto und die kommunistische Partei), in Spanien (um Alfonso Guerra), sogar in England (bei der kleinen eurokommunistischen Partei, bei vielen liberalen Intellektuellen, sogar bei Labour). Auch das Europäische Parlament ist ein Schritt nach vorn; es hat zwar noch nicht viel zu sagen, aber es ist ein Gesprächsknotenpunkt. Es ist eine Art überbetriebliche Ausbildungsstätte für Europäer.

In meinem Land (merkst Du, wie pathetisch ich das sage?), in der Bundesrepublik, gibt es zwei Gefahren für die Linke. Die eine ist überschlaue Anpasserei. Das geht nach dem alten Motto: Wir dürfen das Thema Nation doch nicht der Rechten überlassen. Wir brauchen ja nicht gleich konkret zu werden; aber warum sollen unsere Werbeagenturen die Begriffe Deutschland, Heimat, Vaterland, Wiedervereinigung nicht in einem *pre-emptive strike* schon einmal besetzen? Schluß mit der zähen Verhandelei mit den abgewirtschafteten Kommunisten; ein großer Wurf muß her.

Ich denke, daß wir mit diesen Tendenzen fertig werden. Unser Fundus an Erfahrungen ist zu groß, als daß wir wie Springteufelchen hin und her hopsen könnten. Wir müssen die Ostpolitik Brandts und Bahrs weiterentwickeln; aber dementieren werden wir sie nicht. Bei den »Grünen« geht es da allerdings ein bißchen durcheinander. Aber die SPD ist wie der Riese in »Gullivers Reisen« mit tausend Zwirnsfäden gefesselt – an die Wirklichkeit. Im Zeitalter der nuklearen Gefechtsfeldwaffen, im Zeitalter der Chips und der dezentralisierten Produktion, im Zeitalter der über ganz Europa hintreibenden Schmutzwolken ist der Rückmarsch in den Nationalstaat anachronistisch. Diese Erkenntnis wird sich durchsetzen.

Die andere Gefahr ist schon größer; sie besteht in Blauäugigkeit. Ich bin für die europäische Einigung; deswegen bin ich auch bereit, eine größere Mischung der europäischen Bevölkerung zu akzeptieren. Aber schön vorsichtig, bitte. Als sich in Wien in nur dreißig Jahren die Zahl der Juden verzehnfachte (so zwischen 1860 und 1890), entstand dort um Karl Lueger und Georg von Schönerer ein wilder Antisemitismus. Bei dem hat Hitler sein Handwerk gelernt. Wir müssen aufpassen, daß wir den Rechtspopulisten die Arbeit nicht allzu sehr erleichtern. Und im übrigen gibt es in manchen Kreisen die Neigung, auch noch die unbedarfteste Ausländerinitiative in München zu verklären und die lebendige Tradition des Vereinswesens in Holzkirchen oder Hausham als stinkenden kleinbürgerlichen Mief zu verachten. Das dürfen wir nicht dulden. Für mich ist die multinationale, multikulturelle oder meinethalben auch pluriethnische Gesellschaft eine höhere Kulturstufe als der »ethnisch homogene« Nationalstaat. Aber auch eine kompliziertere. Also: wir sind »gerüstet«, wenn wir uns vorsichtig im Gelände bewegen.

Alles in allem ein schwieriger Moment; für Euch natürlich, aber – Du wirst lachen – auch für uns. Nun ist diese Bundesrepublik eines der reichsten Länder der Erde. Zwei Dritteln geht es bravourös, und selbst nach dem Lebensstandard des unteren Drittels würden sich Millionen von Menschen in der ganzen Welt sehnen. Aber leider haben die Konservativen in einem Punkt recht: Auf die Dauer hält ein gutorganisiertes Netz von Waren und Dienstleistungen eine Gesellschaft nicht zusammen. Es braucht mehr. Wir helfen uns immer mit dem Begriff »Patriotismus« – Verfassungspatriotismus – statt »Deutschheit«. Das verlangt dann aber auch ein Staatsbewußtsein, das sich auf einen konkreten Staat richtet: die Bundesrepublik. Wir müssen mit dem Gerede (und dem Gefühle) vom Provisorium aufhören. Wir müssen uns sozusagen selbst anerkennen. Ob uns das gelingt?

Jetzt bin ich auch noch bei der Identität gelandet. Das ist zuviel; ich grüße Dich herzlich und zitiere Dir zum Abschluß meinen geliebten Rilke. Der hat in einem historischen Moment, der genauso wackelig war wie der jetzige, ein paar Sätze aufgeschrieben, die ich immer wieder lesen muß. Sie lauten:

»Es gibt eine Menge Menschen, aber viel mehr Gesichter, denn jeder hat mehrere. Da sind Leute, die tragen ein Gesicht jahrelang, natürlich nützt es sich ab, es wird schmutzig, es bricht in den Falten, es weitet sich aus wie Handschuhe, die man auf der Reise getragen hat. Da sind sparsame, einfache Leute; sie wechseln es nicht, sie lassen es nicht einmal reinigen. Es sei gut genug, behaupten sie, und wer kann ihnen das Gegenteil nachweisen? Nun fragt es sich freilich, da sie mehrere Gesichter haben, was tun sie mit den anderen? Sie heben sie auf. Ihre Kinder sollen sie tragen. Aber es kommt auch vor, daß ihre Hunde damit ausgehen. Weshalb auch nicht? Gesicht ist Gesicht.

Andere Leute setzen unheimlich schnell ihre Gesichter auf, eins nach dem anderen, und tragen sie schnell ab. Es scheint ihnen zuerst, sie hätten sie für immer, aber sie sind kaum vierzig: da ist schon das letzte. Das hat natürlich seine Tragik. Sie sind nicht gewohnt, ihre Gesichter zu schonen, ihr letztes ist in acht Tagen durch, hat Löcher, ist an vielen Stellen dünn wie Papier, und da kommt dann nach und nach die Unterlage heraus, das Nicht-Gesicht, und sie gehen damit herum.«

Ich weiß nicht, ob Du in Warschau mit diesem Zitat etwas anfangen kannst. In Bonn fällt es mir manchmal ein.

Herzlich Dein P.

Im April 1992

Lieber Jacek,

laß uns, wie immer in den letzten Jahren, dürr, rechenhaft und realpolitisch bleiben. Ich wiegele keineswegs ab, wie Du behauptest. Ich sage vielmehr in jeder Rede und in zahllosen Artikeln: Hört auf mit Eurer gottverdammten nachrevolutionären Euphorie. Ich schreie meine Angst, daß Europa in die Scheinordnung des nationalstaatlichen Schachbrettmusters zurückfallen könnte, so laut heraus, daß mich selbst Freunde inzwischen schon als Kassandra verspotten. Es gibt ja einen Flügel in meiner geliebten Sozialdemokratie, der mit dem neuen Nationalismus, insbesondere aber mit dem Nationalstaat Frieden schließen will. Das ist das alte Lied: Viele Sozis sind auf den jeweils letzten Fehler fixiert, den sie welthistorisch gemacht haben, nicht auf den, den sie bald machen werden. Ich will sagen: Es ist falsch, wenn Du mir Verharmlosung vorwirfst, aber ich möchte gern vor den wirklichen Gefahren Angst haben. Und die Gefahr, daß das wiedervereinigte Deutschland den Rechtspopulisten in die Hände fällt, halte ich für gering. Meine Furcht gilt einem vorsichtigen Rechtsschwenk der durchaus staatstragenden CDU/CSU unter dem Druck einer Rechtspartei, die einen Block von nicht mehr als zehn Prozent der Wählerinnen und Wähler vertritt. Meine Sorge richtet sich auf die intellektuelle und organisatorische Auszehrung der demokratischen Linken: Occhettos italienische Linksdemokraten sind genauso entmutigt wie die Labour Party auf der Insel, die Parti Socialiste ist nur noch ein Phantom, die niederländische Arbeiterpartei steckt in einer schweren Krise, und selbst die relativ stabilen Sozialdemokraten in Schweden, Österreich und Deutschland sind derzeit auf einem wackeligen Einerseits-andererseits-Kurs. Wenn ich dann auch noch zu Euch schaue – dreißig Parteien im Parlament, darunter sechs Mandate für die Biertrinker Polens –, dann kann ich mich des Gedankens nicht erwehren, daß die neunziger Jahre des zwanzigsten Jahrhunderts die Lernergebnisse der Jahrhundertmitte verdrängen könnten.

Du weißt hoffentlich, daß ich mit diesen Bemerkungen Deine Klagen über die Gewaltaktionen der Rechtsextremisten in Deutschland nicht relativieren will. Die »Aktionen« dieses Packs im April 1991, als die deutsch-polnischen Schlagbäume weggeräumt wurden, sind beschämend und furchtbar. Ich kann Dir nicht sagen, wie unsereinen das alles anpackt: »Kein Pole kommt nach Deutschland«, »Deutschland den Deutschen«, »Juden raus«, »Wir wollen keine Polenschweine«, »Polen verrecke«. Natürlich ist das »Fidschi-Klatschen« ein schreckliches Zeichen für Haßpotentiale, die in uns Deutschen übriggeblieben sind – wobei der Angriff auf einen Angolaner, einen Vietnamesen oder irgend jemanden aus Moçambique genauso schlimm ist wie der Angriff auf einen Nachbarn aus Oppeln. An der Wand eines Dresdner Skinhead-Lokals stand, entnehme ich der einschlägigen Literatur, über viele Wochen der Satz: »Jorge, Du bist nicht der letzte, wir kriegen Euch alle.« Das war auf Jorge Gomondai gemünzt, einen Afrikaner, den die Skins in der Straßenbahn zu Tode geprügelt und dann aus dem Zug geworfen hatten. Nein, ich bezeichne das alles nicht als Kinderkrankheiten, die sich auswachsen werden. Es sind Alarmzeichen, man muß sie ernst nehmen.

Ich tue auch nicht so, als ob es sich nur um ein paar Verrückte handele. Gefährlicher als die Prügler mit Glatzen sind die Zuschauer ohne Glatzen, die keinen Finger rühren oder sogar Beifall spenden. Dreizehn Prozent Bürger mit einem geschlossenen rechtsextremen Weltbild sind natürlich eine Gefahr; und in Ostdeutschland dürfte die Zahl höher sein als im Westen, wo sie (1980) gemessen wurde. Es gibt eine Gefahr von rechts in Deutschland; und daß sie genauso in Frankreich, Belgien, Österreich oder Italien existiert, sollte uns nicht beruhigen, sondern beunruhigen. Insofern stimme ich der Kritik in Deinem gefühlsgeladenen Brief ganz und gar zu.

Aber ich zeihe Dich (und manche andere linke Freunde im Westen und im Osten Europas) des »Vorfall-Fetischismus«, weil ich finde, daß Ihr einzelne Vorfälle überbetont, dafür aber strukturelle Entwicklungen vernachlässigt. Mit der Skinhead-Szene wird die deutsche Polizei (trotz einzelner Obermeister, die mit dem rechtsradikalen Sauberkeitswahn sympathisieren) schon fertig. Was mich umtreibt, sind drei sozusagen stinknormale Entwicklungen:

Erstens, daß es in Deutschland ein Jahrzehnt lang weit größere soziale Spannungen geben wird, als wir sie in den letzten dreißig Jahren gewohnt waren. Wir waren in der Vergangenheit nicht allzu hysterisch, weil wir reich waren; nicht alle, aber zwei Drittel von uns. In den kommenden Jahren wird das Schmiermittel Geld in viel geringerem Ausmaß zur Verfügung stehen als bisher. Dann könnte sich zeigen, daß es mit unserem »Verfassungspatriotismus« nicht so weit her ist, wie wir gehofft haben.

Zweitens produzieren wir gerade Hunderttausende von gescheiterten Existenzen. Es wäre ein Wunder, wenn die meisten von ihnen – darunter viele erstklassig ausgebildete Leute – für den angesammelten Haß kein Ventil fänden. Da befinde ich mich in einem schweren Konflikt mit guten Freunden, alten APO-Veteranen ebenso wie früheren Dissidenten aus dem Osten. Das Argument, wir dürften mit den Verbrechen der Kommunisten nicht genauso lax umgehen wie mit den Verbrechen der Nazis, kann man ja nicht einfach vom Tisch wischen. Aber ich befürchte, daß wir mit den Aktenbergen aus der Behörde des Pfarrers G. höchst unpragmatisch umgehen. Wäre es wirklich unmoralisch, mit den harmlosen Mitläufern der SED genauso umzugehen, wie der leidenschaftliche Nazi-Gegner Kurt Schumacher mit den harmlosen Mitläufern der NSDAP umgegangen ist? Wie groß ist die Zahl der Menschen, die man – auch um der Gerechtigkeit willen – demütigen darf, wenn diese Gesellschaft weiter funktionieren soll? Es gibt heutzutage zu viele hochmütige Deutsche, die solch eine Rechnung für verdorben und abwegig halten.

Drittens fürchte ich, daß das Projekt eines starken, zusammengefaßten Europas scheitert. Allüberall heben die nationalen Mittelschichten die Nasen wieder in den Wind. Es lebe die kroatische, die slowakische oder die schottische Selbständigkeit. Wer kämpft schon entschieden gegen diesen Zerfall in Stämme? Soweit ich sehen kann, nur zwei Franzosen: Mitterrand und Delors. Das wird nicht reichen. Ich fürchte, Europa wird im Jahr 2000 wieder ein Haufen rivalisierender Nationalstaaten sein. Was dann?

Verstehst Du, was ich sagen will? Natürlich müssen wir alles tun, was in unseren Kräften steht, um dafür zu sorgen, daß die Schönhubers, Haiders, Le Pens und wie sie alle heißen so klein gehalten werden wie möglich. Klein halten können wir sie aber nur, wenn die Eliten, die über die Macht verfügen, eine Philosophie, einen Plan, eine Staatsbildungsidee haben, die realistisch ist – früher hätten wir gesagt: dem Stand der Produktivkräfte angemessen. Seit dem Ende des Zweiten Weltkrieges war das die föderale Europaidee. Geht die zuschanden, halte ich sozusagen alles für möglich – bei Euch und bei uns.

Jetzt kommt, Du weißt es schon, der reformistische Schluß. Nichts ist verloren, in den mächtigsten Staaten Europas haben die genuinen Demokraten eine Mehrheit. Es liegt an uns, die halb schon verspielten Chancen der Revolution von 1989 doch noch zu nutzen.

Mit herzlichem Gruß Dein P.

ANHANG

Anregungen zum Weiterlesen

Lechts und rinks

Über die Geistesgeschichte des wichtigsten Truppenteils der Rechten, der Konservativen, informiert immer noch am besten der große Soziologe Karl Mannheim. Ein nützliches, umfassendes Kompendium über das »Dilemma des Konservativismus« hat Martin Greiffenhagen verfaßt; dort auch die Zitate von Klages und Heidegger. Eine gute erste Information über den Neokonservativismus und die neue Rechte liefert ein Reader, den Iring Fetscher herausgegeben hat (mit großen Aufsätzen von Nigel Ashford, Richard Saage, Patrick Moreau und Marie-Luise Christadler). Die besten aktuellen Informationen über die deutsche Rechte stammen aus zwei (sich ein wenig widersprechenden) Taschenbüchern von Claus Leggewie über die »Denkfabriken der Wende« und die »Republikaner«.

Die zentralen analytischen Kategorien dieses Kapitels (und des ganzen Buches) stammen immer noch von Antonio Gramsci, Alexander Kluge und Oskar Negt – wobei nicht verschwiegen werden sollte, daß der Politikbegriff von Kluge und Negt eine intelligente Umdeutung der Ideen eines »Rechten« ist: von Carl Schmitt. Die sehr konkreten Informationen über die Frühgeschichte der Union kann man der Arbeit von Hans-Georg Wieck entnehmen.

Karl Mannheim, Das konservative Denken. Soziologische Beiträge zum Werden des politisch-historischen Denkens in Deutschland. In: Archiv für Sozialwissenschaft und Sozialpolitik, 57. Band, 1927

Jürgen Busche, Über politische Strategie, *Frankfurter Allgemeine Zeitung* vom 18.4.1984

Peter Glotz, Die Arbeit der Zuspitzung. Über die Organisation einer regierungsfähigen Linken, Berlin 1984

C.F.L. Hoffmann, Vollständiges politisches Taschenwörterbuch – Ein Handbuch zur leichten Verständigung der Politik, Leipzig 1849

Martin Greiffenhagen, Das Dilemma des Konservativismus in Deutschland, München 1971

Iring Fetscher (Hrsg.), Neokonservative und neue Rechte, München 1983

Claus Leggewie, Der Geist steht rechts. Ausflüge in die Denkfabriken der Wende, Berlin 1986

Claus Leggewie, REP. Die Republikaner. Phantombild der neuen Rechten, Berlin 1989

Alexander Kluge/Oskar Negt, Geschichte und Eigensinn, Frankfurt am Main 1981

Hans-Georg Wieck, Die Entstehung der CDU und die Wiederbegründung des Zentrums im Jahre 1945, Düsseldorf 1953

Wennigsen und Neheim-Hüsten

Eine wunderschöne Beschreibung der von Kurt Schumacher einberufenen Wenniger Konferenz existiert aus der Feder eines Beobachters des »Office of Strategic Services«, abgedruckt bei Borsdorf/Niethammer. Über die Neheim-Hüstener Konferenz der CDU berichtet Hans-Peter Schwarz in seiner Adenauer-Biographie. Besondere Aufmerksamkeit verdient die voluminöse und als Geschichte der Politikwissenschaft in der Bundesrepublik Deutschland getarnte nationalistische Philippika von Hans-Joachim Arndt; ein hochintelligentes, vorsichtig, mit dem Rücken zur Wand formuliertes Buch voll geistreicher Bosheiten, das nationale Identität gegen Verfassungspatriotismus setzt.

Hans-Joachim Arndt, Die Besiegten von 1945. Versuch einer Politologie für Deutsche samt Würdigung der Politikwissenschaft in der Bundesrepublik Deutschland, Berlin 1978

Ulrich Borsdorf/Lutz Niethammer (Hrsg.), Zwischen Befreiung und Besetzung. Analysen des US-Geheimdienstes über Position und Strukturen deutscher Politik 1945, Wuppertal 1976

Joachim Hofmann-Göttig, Selbst die NPD ist jugendattraktiv. Von Jungen und Alten, Frauen und Männern bei der Kommunalwahl in Hessen vom 12. März 1989 (als Manuskript gedruckt)

Paul de Lagarde, Deutsche Schriften, München [2]1934

August Julius Langbehn, Rembrandt als Erzieher. Von einem Deutschen. Zitiert nach 85.–90. Auflage, Stuttgart 1936

Benedikt Momme-Nissen, Der Rembrandt-Deutsche Julius Langbehn, Freiburg im Breisgau 1926

Arthur Rosenberg, Geschichte der Weimarer Republik, Frankfurt am Main [17]1961

Ute Schmidt, Zentrum oder CDU. Politischer Katholizismus zwischen Tradition und Anpassung. Opladen/Köln 1987

Sinus-Institut, Fünf Millionen Deutsche: Wir sollten wieder einen Führer haben... Die Sinus-Studie über rechtsextremistische Einstellungen bei den Deutschen. Mit einem Vorwort von Martin Greiffenhagen, Reinbek bei Hamburg, August 1981

Hans-Peter Schwarz, Adenauer. Der Aufstieg 1876 bis 1952, Stuttgart 1986

Extremisten und Populisten

Dies ist weder eine historische Darstellung des Rechtsextremismus in der Bundesrepublik noch eine theoretische Fassung des Verfassungsschutzberichtes noch eine Einzeldarstellung der Verästelungen der rechten und rechtsextremen Szene; es ist eine Streitschrift mit *politischen* Absichten.

Das Standardwerk über den Rechtsextremismus in der Bundesrepublik stammt von Dudeck/Jaschke. Interessant auch die Arbeiten von Eike Hennig und Margret Feit, die eine überaus materialreiche Darstellung der unterschiedlichen Strömungen der rechten Rechten bietet – die Bewertungen erfolgen aus der Sicht der »Vereinigung der Verfolgten des Nazi-Regimes/Bund der Antifaschisten«.

Bei der Darstellung des Populismus-Begriffs folge ich Ernesto Laclau, der den Begriff der »Anrufung« von Jacques Lacan und Luis Althusser übernimmt: »Angerufen von den ideologischen Apparaten, leben die Menschen fremdbestimmtes Handeln als Selbsthandeln.« Eine vorzügliche Information über Geschichte und Probleme des Populismus bietet der Band von Helmut Dubiel.

Lothar Baier, Eine Kultur für den totalen Staat. Frankreichs neue Rechte. In: *Frankfurter Hefte 8* und 9/1980

Blätter für deutsche und internationale Politik, Neofaschismus in der Bundesrepublik. Aktivität, Ideologie und Funktion rechtsextremer Gruppen, von Jörg Berlin, Dirk Joachim, Bernhard Keller und Volker Ullrich, 5.5.1978; Kurt Faller/Reinhard Hahn/Margret Feit/Arno Klönne/Wolfgang Kowalski: Herausforderung von rechts und die republikanische Vernunft. Vier Beiträge über den Umgang mit dem rechten Fundamentalismus

Marie-Luise Christadler, Die »Nouvelle Droite« in Frankreich. In: Iring Fetscher, »Neokonservative und neue Rechte«, München 1983

Helmut Dubiel, Populismus und Aufklärung, Edition Suhrkamp 1376, Frankfurt am Main 1986

Peter Dudeck, Hans-Gerd Jaschke, Entstehung und Entwicklung des Rechtsextremismus in der Bundesrepublik. Zur Tradition einer besonderen politischen Kultur. Zwei Bände, Opladen 1984

Eike Hennig, Konservativismus und Rechtsextremismus in der Bundesrepublik. Fragen der Berührung und Abgrenzung. In: Hennig/Saage (Hrsg.), Konservativismus – Eine Gefahr für die Freiheit? München 1983

Margret Feit, Die »Neue Rechte« in der Bundesrepublik. Organisation, Ideologie, Strategie, Frankfurt am Main/New York 1987

Wolfgang Gessenharter, Die »Neue Rechte«. Scharnier zwischen Bürgern und Radikalen. In: *Frankfurter Rundschau* vom 29.3.1989

Ernesto Laclau, Politik und Ideologie im Marxismus. Kapitalismus, Faschismus, Populismus, Berlin 1981

Horst Meier, Verbot der Republikaner? Radikaler Pluralismus unter verfassungspolitischer Perspektive. In: *Merkur* 486, 1989

Verfassungsschutzbericht 1987 und 1988, herausgegeben vom Bundesminister des Innern, Bonn 1988, 1989

Der populistische Angriff

Das Instrumentarium, das ich bei der Analyse des »populistischen Angriffs« benutze, stammt aus dem Kapitel »Das Politische als Sachbereich und als besonderer Intensitätsgrad der Gefühle« in Kluge/Negts »Geschichte und Eigensinn«.

Die intelligentesten Interpretationen der »Republikaner« fand ich – außer in dem schon zitierten kleinen Buch von Leggewie – bei Ulrich Pfeiffer, einem Sozialdemokraten, der viele Jahre als Spitzenbeamter in Bonn gearbeitet hat und jetzt eine wirtschafts- und sozialwissenschaftliche Forschungs- und Beratungsgesellschaft leitet, sowie bei dem *taz*-Kommentator Klaus Hartung in seinem ebenso aggressiven wie lehrreichen Artikel über »Die antifaschistische Mehrheit«.

Interessantes empirisches Material über die »Republikaner«

liefern auch drei neuere Studien; eine des Forschungsinstituts der Konrad-Adenauer-Stiftung, eine andere von Eberhard de Haan aus dem Bundesverband der Arbeiterwohlfahrt und eine der Bundesgeschäftsstelle der CDU.

Die kritischen Bemerkungen zu einer »großmäulig vorgetragenen« empirischen Studie beziehen sich auf eine im »Sommerloch« 1989 weidlich ausgeschlachtete Studie des FORSA-Instituts: »Rechtswähler in einer SPD-Hochburg, dargestellt am Beispiel des Dortmunder Nordens«. Zu dieser Studie bemerkt der Münchner Sozialwissenschaftler Horst Becker: »Die Tatsache, daß von FORSA im Dortmunder Norden immerhin eintausenddreihundertvierundneunzig Wahlberechtigte befragt wurden, signalisiert zunächst einmal: Hier wurde eine fundierte Untersuchung durchgeführt. Dies ist richtig, wenn an die gesamte Wahlbevölkerung in dieser Stadtregion gedacht wird. Aber: Die Studie will über die Wähler der ›Republikaner‹ Auskunft geben, und diese dürften – vorausgesetzt, die Stichprobe war repräsentativ angelegt – in der Untersuchung mit achtzig bis bestenfalls fünfundachtzig Personen vertreten sein.

Die Rechnung ist einfach:
• Befragte Wahlberechtigte: eintausenddreihundertvierundneunzig.
• Davon haben sich ca. dreiundsechzig Prozent an der Europawahl beteiligt: ca. achthundertachtzig.
• Von diesen waren neuneinhalb Prozent Wähler von REP oder DVU: ca. achtzig.
Auf dieser Basis läßt sich mit der gebotenen statistischen Sorgfalt noch einigermaßen gesichert analysieren. Wenn aber über die SPD-Wähler berichtet wird, die zu den ›Republikanern‹ gewechselt sind, dann wird die Basis schmal: Es sind dies laut FORSA neununddreißig Prozent der REP-Wähler, in absoluten Zahlen rund dreißig.

Noch problematischer sind alle Aussagen über Wähler, die jetzt REP gewählt haben,
• früher aber nicht zur Wahl gingen (in der Stichprobe maximal zwanzig Personen);
• früher CDU gewählt haben (fünfzehn bis zwanzig);
• früher Grüne gewählt haben (ca. zehn);
• früher FDP gewählt haben (ca. fünf).«

Die von Becker kritisierte Tendenz setzt sich in einer FORSA-Umfrage für den *Stern*, veröffentlicht in Heft Nr. 33 vom

10. August 1989, fort. Dort wird zwar in den Tabellen ausgewiesen, daß von 1080 SPD-Anhängern im Ruhrgebiet, die befragt wurden, 91 Prozent die Frage »Könnten Sie sich vorstellen, bei einer der kommenden Wahlen einmal eine rechte Partei wie die ›Republikaner‹ zu wählen?« mit Nein beantworteten und 86 Prozent auf die Frage »Was halten Sie von den ›Republikanern‹?« schlicht mit »Nichts« antworteten. Trotzdem wird in dem Artikel des *Stern,* der die Umfrage kommentiert, der Eindruck erweckt, als könne man aus solchen Ergebnissen schließen, daß die SPD bei der nächsten Bundestagswahl 3,2 Prozent ihres Ergebnisses an die »Republikaner« verlieren müsse. Aus den veröffentlichten Tabellen ist dies jedenfalls in keiner Weise zu schließen. Vgl. dazu auch: Elisabeth Noelle-Neumann, Eine gekränkte und isolierte Minderheit, *FAZ* vom 11.9.1989.

CDU-Bundesgeschäftsstelle, Die REP. Analyse und politische Bewertung einer rechtsradikalen Partei. Bonn 18. Mai 1989, Typoskript

Forschungsinstitut der Konrad-Adenauer-Stiftung, Die Republikaner. Ideologie, Programm, Organisation und Wahlergebnisse. Interne Studien Nr. 13/1989, Sankt Augustin 1989

Eberhard de Haan, Republikaner – Der aufhaltsame Aufstieg einer Führerpartei, Manuskript, Bonn 1989

Klaus Hartung, Die antifaschistische Mehrheit. Der Kampf gegen die rechte Gefahr und die linke Ideologie. In: *Die Neue Gesellschaft/Frankfurter Hefte* Nr. 10/1989

Kurt Hirsch/Hans Sarkowicz, Schönhuber – Der Politiker und seine Kreise, Frankfurt am Main 1989

Ulrich Pfeiffer, Ursachenanalyse der Stimmenzuwächse für Republikaner. Reformstrategien gegen die Radikalisierung von Wählergruppen, Typoskript, Bonn 1989

Der Volkstümler

Die Kategorien, mit denen ich Schönhuber analysiere, stammen von Antonio Gramsci, aus den Gefängnis-Heften. Daher auch der Begriff der »Folklore der Philosophie« und des »Alltagsverstands« *(senso comune).* Es heißt bei Gramsci: »Das volkstümliche Element fühlt, aber versteht oder weiß nicht immer, das intellektuelle Element weiß, aber es versteht und insbesondere fühlt nicht immer... Der Irrtum des Intellektuellen besteht darin, zu glauben, daß man wissen kann, ohne zu verstehen und insbesondere ohne zu fühlen, und daß man begeistert sein kann (nicht nur vom Wissen an sich, sondern für das Objekt des Wissens), das heißt, daß der Intellektuelle ein solcher sein kann (und nicht nur ein Pedant), wenn er vom Volk und der Nation geschieden und getrennt ist, das heißt, ohne die elementaren Leidenschaften des Volkes zu spüren, sie zu verstehen und also zu erklären und in der bestimmten historischen Situation zu rechtfertigen, sie dialektisch mit den Gesetzen der Geschichte zu verbinden...«

Die Zitate von Schönhuber stammen aus der korrigierten Bandabschrift seiner Rede vom 5. April 1989 in Bonn-Bad Godesberg sowie aus seinem Buch »Ich war dabei«, das 1981 erschienen ist. Es hat inzwischen die zwölfte Auflage erreicht.

Über den Typus Schönhuber kann man im übrigen schon bei Jacob Burckhardt nachlesen. »In unserem veränderungslustigen Italien«, so zitiert Burckhardt einen Autor des fünfzehnten Jahrhunderts, »wo nichts feststeht und keine alte Herrschaft existiert, können leicht aus Knechten Könige werden.« Das ist das, was Schönhuber gerne möchte. »Die höchste und meistbewunderte Form der Illegitimität ist im fünfzehnten Jahrhundert der Kondottiere, der sich – welches auch seine Abkunft sei – ein Fürstentum erwirbt.« Dort auch weitere Bemerkungen zu Soldführern, Bandenführern, soldatischer Herrschbegier und Kriegerschaft.

Jacob Burckhardt, Die Kultur der Renaissance in Italien. Ein Versuch, Basel 1869 (hier zitiert nach einer Ausgabe von 1955)

Schisma

Die Analyse der unterschiedlichen Gruppierungen der CDU/CSU habe ich ein wenig verfeinert; im Kern findet sie sich bereits in der »Arbeit der Zuspitzung«. Der Konflikt zwischen den unterschiedlichen geistigen Strömungen der Union ist aus marxistischer Sicht bei den »Sozialistischen Studiengruppen« (»Zwischen Neokonservativismus und Rechtsradikalismus«) dargestellt. Dort allerdings auch die bekannte Überakkumulationsthese, der hier nicht gefolgt wird. Die Angaben zu den Werken von Arndt, Gehlen, Hepp und Kluge/Negt finden sich bei den Kapiteln »Lechts und rinks« und »Wennigsen und Neheim-Hüsten«.

Rüdiger *Altmann*, Die Null vor dem Komma. Weshalb Helmut Kohl einem Nachfolger Platz machen sollte. In: *Die Zeit* vom 31.3.1989

Kurt *Biedenkopf,* Vom »Deutschsein« und der Suche nach Überschaubarkeiten. Das Abstempeln der neuen Rechten und ihrer Wähler als »Bösewichte« geht in die falsche Richtung. In: *Frankfurter Rundschau* vom 24.6.1989

Heiner *Geißler,* Wegmarken für die neunziger Jahre. In: *Sonde* 3/4, November 1987

Der Streit in der Union und die Zukunft der CDU. Ein Gespräch mit dem CDU-Generalsekretär Heiner Geißler. In: *Herder-Korrespondenz* vom 11.11.1987

Franz J. *Hinkelammert,* Die Radikalisierung der Christdemokraten vom parlamentarischen Konservativismus zum Rechtsradikalismus, Berlin 1976

Jo *Hofmann-Göttig,* Wer die Zukunft haben will, muß die Jugend gewinnen. Zur Interpretation der Jungwähler-Daten der »Repräsentativen Wahlstatistik« für Bundestag, Landtag und Europaparlament 1953, 1984. In: *Frankfurter Rundschau* vom 30.11.1984

Jo *Hofmann-Göttig,* Die Wahlurne übt auf junge Frauen nur geringen Reiz aus. In: *Frankfurter Rundschau* vom 5.2.1987

Peter *Köppinger,* Den Radikalismus herbeigerechnet. In: *Soziale Ordnung, Zeitschrift der Sozialausschüsse der Christlich-Demokratischen Arbeitnehmerschaft (CDA),* Nr. 2/1989.

Claus *Leggewie*, Die CDU-Modernisierer – ein Testbericht. In: *Pflasterstrand* 313 (4. bis 17. Mai 1989)

Alf *Mintzel,* Die CSU – Anatomie einer konservativen Partei 1945 bis 1972, Opladen 1975

Johann Georg *Reißmüller*, Was Geißler erreicht hat. In: *Frankfurter Allgemeine Zeitung* vom 24.7.1989

Wulf *Schönbohm,* Die CDU wird moderne Volkspartei. Selbstverständnis, Mitglieder, Organisation und Apparat 1950 bis 1980, Stuttgart 1985

Wulf *Schönbohm,* Defizite und konkrete Lösungsmöglichkeiten. CDU: Volkspartei in der Bewährung. In: *Soziale Ordnung* Nr. 2/1988

Wulf *Schönbohm,* Wir wollen eine reformierte Union. In: *Frankfurter Rundschau* vom 16.5.1988

Sozialistische *Studiengruppen,* Zwischen Neokonservativismus und Rechtsradikalismus. Politische und populistische Rechtstendenzen in der Bundesrepublik, Hamburg 1986

Zum »nationalrevolutionären Lager« hat Hartmut Reese auf die Berührungen zwischen rechts und links hingewiesen; auf den Versuch einiger Nationalrevolutionäre, einen »dritten Diskurs« zu versuchen. Was Berührungen zwischen rechts und links betrifft, ist der Klassiker die Arbeit von Otto-Ernst Schüddekopf, die in der zweiten Auflage unter dem Titel »Nationalbolschewismus in Deutschland 1918 bis 1933« erschienen ist. Peter Brandt und Herbert Ammon haben einen Sammelband über »Die Linke und die nationale Frage« herausgegeben; und einige neuere Arbeiten von links und rechts vertreten ziemlich identische Thesen, so das neue Buch des pensionierten Generals Günther Kießling (»Neutralität ist kein Verrat«) und die 1983 entstandenen Arbeiten des Sozialdemokraten Theodor Schweißfurth.

Zur Selbstdarstellung der Rechten vgl. auch Armin Mohlers Aufsatz »Deutscher Konservatismus seit 1945« in einem Sammelband von Gerd-Klaus Kaltenbrunner. Zur Einzeldarstellung der Rechten ist 1975 eine Arbeit von Günther Bartsch erschienen; auf das Buch von Margret Feit wurde bereits verwiesen.

Timothy Garton Ash, Der Niedergang des sowjetischen Imperiums. Reform oder Revolution. Versuch der Vermessung einer neuen politischen Landschaft. In: *Lettre Internationale* 3/1988

Günther Bartsch, Revolution von rechts? Ideologie und Organisation der neuen Rechten, Freiburg im Breisgau 1975

Peter Brandt/Herbert Ammon, Die Linke und die nationale Frage. Dokumente zur deutschen Einheit seit 1945, Reinbek 1981

Henning Eichberg, Nationale Identität. Entfremdung und nationale Frage in der Industriegesellschaft, München/Wien 1978

Henning Eichberg, Abkoppelung – Nachdenken über die neue deutsche Frage, Koblenz 1987

Robert Hepp, Die Endlösung der Deutschen Frage. Grundlinien einer politischen Demographie der Bundesrepublik Deutschland, Tübingen/Zürich/Paris 1988

Gerd-Klaus Kaltenbrunner (Hrsg.), Die Herausforderung der Konservativen, München 1974

Günther Kießling, Neutralität ist kein Verrat. Entwurf einer europäischen Friedensordnung, Erlangen/Bonn/Wien 1989

Armin Mohler, Deutscher Konservativismus seit 1945. In: Gerd-Klaus Kaltenbrunner (Hrsg.), Die Herausforderung der Konservativen, München 1974

Hartmut Reese, Protagonisten der nationalen Identität: Die Nationalrevolutionäre. In: *Frankfurter Hefte* 6/1984

Hans-Dietrich Sander, Der nationale Imperativ. Ideen, Gänge und Werkstücke zur Wiederherstellung Deutschlands, Krefeld 1980

Otto-Ernst Schüddekopf, Nationalbolschewismus in Deutschland 1918 bis 1933, Frankfurt am Main/Berlin/Wien 1972

Theodor Schweißfurth, Raketenstationierung und Völkerrecht, Vortrag Anwaltsforum Kassel 1./2. Oktober 1983, Manuskript

Theodor Schweißfurth, Nachrüstung und Friedensvertrag. In: *Mediatus* 9/1983

Neuere Arbeiten 1989 bis 1992

Thomas Assheuer/Hans Sarkowicz, Rechtsradikale in Deutschland. Die alte und die neue Rechte, München 1990

Hans Georg Betz, Radikal rechtspopulistische Parteien in Westeuropa. In: Aus *Politik und Zeitgeschichte,* Beilage zur Wochenzeitung *Das Parlament* vom 25. Oktober 1991

Christoph Butterwegge/Horst Isola (Hrsg.), Rechtsextremismus im vereinten Deutschland: Randerscheinungen oder Gefahr für die Demokratie? Bremen 1990

Kurt Bodewig, Rainer Hesels, Dieter Mahlberg (Hrsg.), Die schleichende Gefahr. Rechtsextremismus heute, Essen 1990

Franz Greß/Hans-Gerd Jaschke/Klaus Schönekäs, Neue Rechte und Rechtsextremismus in Europa. Bundesrepublik, Frankreich, Großbritannien, Opladen 1990

Hajo Funke, Jetzt sind wir dran. Nationalismus im geeinten Deutschland. Eine Streitschrift, Berlin 1991

Walter Friedrich/Wilfried Schubarth, Ausländerfeindliche und rechtsextreme Orientierungen der ostdeutschen Jugendlichen. Eine empirische Studie. In: *Deutschlandarchiv* 10/1991, S. 1052 ff.

Eike Hennig, Die Republikaner im Schatten Deutschlands. Zur Organisation der mentalen Provinz, Frankfurt am Main 1991

Martina Kirfel/Walter Oswald (Hrsg.), Die Rückkehr der Führer. Modernisierter Rechtsradikalismus in Westeuropa, Wien/Zürich ²1991

Armin Pfahl-Traughber, Rechtsextremismus in den neuen Bundesländern. In: *Aus Politik und Zeitgeschichte,* Beilage zur Wochenzeitung *Das Parlament* vom 10. Januar 1992

Richard Stöss, Die Republikaner. Woher sie kommen, was sie wollen, wer sie wählt, was zu tun ist, Köln ²1990

Bernd Siegler, Auferstanden aus Ruinen... Rechtsextremismus in der DDR, Berlin 1991

Briefe an einen Freund in Warschau

Der (fiktive) Brief setzt eine Auseinandersetzung fort, die ich mit Martin Walser in der Zeit geführt habe. Zur Vertreibung der Deutschen aus dem Osten muß man die Arbeiten von Wolfgang Benz und Josef Henke zu Rate ziehen. Eine Kritik an übertriebener linker Euphorie für die »multikulturelle Gesellschaft« gibt es aus der Feder Thomas Schmids. Die Formel, daß die Bundesrepublik sich selbst anerkennen muß, stammt von Willy Brandt aus seinem »Bericht zur Lage der Nation« aus dem Jahr 1970.

Wolfgang Benz (Hrsg.), Die Vertreibung der Deutschen aus dem Osten. Ursachen, Ereignisse, Folgen, Frankfurt am Main 1985

Peter Glotz, Ein Deutscher kann man überall sein. In: *Die Zeit* vom 2.12.1988

Josef Henke, Flucht und Vertreibung der Deutschen aus ihrer Heimat im Osten und Südosten 1944–1947. In: *Aus Politik und Zeitgeschichte* 23/85 vom 8.6.1985

Rudolf Hilf, Die Anwendung des westlichen Prinzips »Nationalstaat und Mehrheitsdemokratie« auf strukturell nichthomogene Staaten, Manuskript

Thomas Schmid, Multikulturelle Gesellschaft – Großer linker Ringelpiez mit Anfassen. In: *Die Neue Gesellschaft/Frankfurter Hefte* 6/1989

Martin Walser, Über Deutschland reden. In: *Die Zeit* vom 4.11.1988

Besonderen Dank für Kritik, Hinweise und Material schulde ich zwei Freunden: Tilman Fichter und Peter Munkelt.

Fremdwörterverzeichnis

*»In jedem Fremdwort steckt der Sprengstoff von Aufklärung,
in seinem kontrollierten Gebrauch das Wissen, daß Unmittelbares
nicht unmittelbar zu sagen, sondern nur durch alle Reflexionen
und Vermittlung hindurch noch auszudrücken sei.«*

THEODOR W. ADORNO

Amalgam Verbindung, Legierung von Metall in Quecksilber

antagonistisch gegensätzlich, widerstreitend, feindselig

Attitüde Haltung, Einstellung

autonom selbständig, unabhängig

Bourgeoisie Bürgertum

Caudillo span. »Führer«, »Oberhaupt«

chauvinistisch abwertende Bezeichnung für eine extrem nationalistische Haltung

core curriculum Kanon, »Kern«-Lehrplan

deduktiv das Besondere aus dem Allgemeinen herleitend

desavouiert nicht anerkannt, im Stich gelassen, bloßgestellt

Desperado zu jeder Verzweiflungstat entschlossener politischer Abenteurer; Bandit

dezidiert entschieden, energisch, bestimmt

Dioskuren griech. »Söhne des Zeus«; Bezeichnung für unzertrennliche Freunde (nach den Zwillingen Kastor und Pollux)

Diskurs eifrige Erörterung, Verhandlung

Dispositiv Anordnung, Verfügung

Entree Eintritt, Eingang, Zutritt

ethnisch ein bestimmtes Volkstum betreffend, volkseigentümlich

Exerzitien geistliche Übungen

Extremismus übersteigert radikale Haltung

homogen gleichartig, einheitlich, geschlossen, gleichmäßig aufgebaut

incertitudes allemandes frz. »deutsche Unsicherheiten«, »deutsche Unsicherheitsfaktoren«, hier: deutsche Unwägbarkeiten im Sinne von mangelnder nationaler Zuverlässigkeit

Innovation Erneuerung, Neuerung, Erfindung, Entdeckung

Insubordination mangelnde Unterordnung, Ungehorsam

Integration Eingliederung, Vereinigung

kat exochen griech. »vorzugsweise«, »schlechthin«, »im eigentlichen Sinne«

Klientel Auftraggeberkreis, hier eher: Anhängerschaft

kognitiv auf Erkenntnis beruhend, erkenntnismäßig

Konsolidierung Sicherung, Festigung

kosmopolitisch weltbürgerlich, die Anschauung des Weltbürgertums vertretend

Laizismus Forderung nach Freiheit des öffentlichen Lebens von jeder religiösen Bindung

Monade Einheit, Unteilbares; bei Leibniz die letzte, in sich geschlossene, vollendete, nicht mehr auflösbare Ureinheit

monokausal auf nur eine Ursache zurückgehend

Neurose krankhafte Funktionsstörung des Nervensystems, die nicht auf organische Ursachen zurückzuführen ist

newcomer engl. »Neuling«

Nouvelle Droite frz. »Neue Rechte«

observieren beobachten, prüfen

Ökopax aus »Ökologie« und »Pax« zusammengesetzter Begriff, der das Eintreten für die Erhaltung der natürlichen Umwelt und die Bewahrung des Friedens bezeichnet

paramilitärisch halbmilitärisch, militärähnlich

Parvenu Emporkömmling, Neureicher

Philippika Kampfrede, Strafrede

plebejisch von lat. »plebs«: Volk; heute: ungebildet, ungehobelt, pöbelhaft

Pluralismus Vielgestaltigkeit gesellschaftlicher, politischer und anderer Phänomene

Polis altgriechischer Stadtstaat, die Gemeinschaft der Vollbürger

Populismus Politik, die die Gunst der Massen gegen »die da oben« zu gewinnen sucht

pre-emptive strike engl. wörtlich »zum Vorkauf berechtigender Schlag«, hier etwa: vorbeugender Schlag

Proselyt Neubekehrter, Überläufer

Protagonist zentrale Gestalt, Vorkämpfer

Refektorium Speisesaal in Klöstern

Regression Rückbildung, Rückbewegung

reputierlich ansehnlich, achtbar, ordentlich

Satyr derb-lüsterner, bocksgestaltiger Waldgeist und Begleiter des Dionysos in der griechischen Sage

Satyrspiel heiter-groteskes, mythologisches Nachspiel nach der Aufführung einer Tragödientrilogie im alten Griechenland, dessen Chor aus Satyrn bestand

Schisma Spaltung

spiritus rector leitende, treibende Kraft

Vabanquespiel alles auf Spiel setzen

Verve Begeisterung, Schwung

Xenophobie Fremdenfeindlichkeit, Fremdenhaß

Namenregister

Leben im Dritten Reich

Eine Auswahl aus dem Programm der DVA

Kurt Blumenfeld
Im Kampf um den Zionismus
Briefe aus fünf Jahrzehnten, 311 Seiten

Eberhard Jäckel
Hitlers Weltanschauung
Entwurf einer Herrschaft, 176 Seiten

Hitlers Herrschaft
Vollzug einer Weltanschauung, 184 Seiten

Eberhard Jäckel/Jürgen Rohwer
Der Mord an den Juden im Zweiten Weltkrieg
Entschlußbildung und Verwirklichung, 256 Seiten

Albert Speer
Der Sklavenstaat
Meine Auseinandersetzung mit der SS
512 Seiten mit 32 Fotos und Dokumenten

Gerhard Ritter
Carl Goerdeler und die deutsche Widerstandsbewegung
Mit einem Vorwort von Theodor Eschenburg
652 Seiten mit 4 Abbildungen und einem Faksimile

Peter Hoffmann
Stauffenberg und seine Brüder
Das Geheime Deutschland
600 Seiten mit zahlreichen Abbildungen und Karten

Lothar Gruchmann
Johann Georg Elser
Autobiographie eines Attentäters, 168 Seiten

Jochen Klepper
Unter dem Schatten deiner Flügel
Aus den Tagebüchern der Jahre 1935–1942
Gesamtausgabe 1178 Seiten

HEYNE SACHBUCH

**Große Autoren
und ihre
Sachbuch-Klassiker**

FREDERIC
VESTER
Leitmotiv
vernetztes
Denken

Für einen
besseren
Umgang mit
der Welt

Erstmals im
Taschenbuch

19/109

Horst-Eberhard
Richter
Die hohe Kunst der
Korruption

Erkenntnisse
eines
Politik-Beraters

19/158

Erwin Wickert
**DER FREMDE
OSTEN**
China und Japan gestern
und heute

Erstmals im Taschenbuch –
erweitert und aktualisiert

19/102

Lois Fisher-Ruge
**Meine
armenischen
Kinder**

19/155

PETER
SCHOLL-LATOUR
**Der Ritt auf
dem Drachen**

Indochina –
von der
französischen
Kolonialzeit
bis heute

Erstmals im Taschenbuch

19/98

KARLHEINZ DESCHNER
**DAS KREUZ
MIT DER
KIRCHE**
EINE SEXUALGESCHICHTE
DES CHRISTENTUMS

12., erweiterte und aktualisierte Neuausgabe

19/16

**EUGEN
KOGON
DER
SS-STAAT**

DAS SYSTEM
DER DEUTSCHEN
KONZENTRATIONS-
LAGER

19/9

Robert Jungk
Norbert R. Müllert
Zukunfts
Mit Phantasie
gegen Routine und
Resignation
**werk
stätten**

19/73

Wilhelm Heyne Verlag München

Das
Portrait

**Renommierte Journalisten
über Personen
unserer Zeitgeschichte**

EVELYN ROLL
OSKAR LAFONTAINE

19/500

ORTWIN RAMADAN
VÁCLAV HAVEL

19/501

B. KERNECK-SAMSON
BORIS JELZIN

19/504

ULRICH ENCKE
SADDAM HUSSEIN

19/505

H. J. JAKOBS/U. MÜLLER
RUDOLF AUGSTEIN

19/507

ANDREAS STEINMANN
EDZARD REUTER

19/508

LUDGER FERTMANN
BJÖRN ENGHOLM

19/509

Wilhelm Heyne Verlag München

Heyne Sachbuch

Die Kirche und
ihre Kritiker

19/137

19/170

19/16

19/77

19/18

Wilhelm Heyne Verlag München